GOAL!

Antoine GRIEZMANN

GOAL !

TOME 7 : DU RÊVE À LA RÉALITÉ

Sur une idée d'Olivia de Dieuleveult
et avec la collaboration de Fabrice Colin

Michel LAFON

Si elles sont inspirées d'événements que j'ai bel et bien vécus, de choses qui me sont réellement arrivées, les aventures de Tony, Maud, Julian, Théo et les autres sont inventées pour votre seul plaisir.

Illustrations © Isabel Escalante
Texte © Antoine Griezmann et Fabrice Colin
sur une idée de © Olivia de Dieuleveult
et, pour l'édition française,
Éditions Michel Lafon, 2019
118, avenue Achille-Peretti – CS 70024
92521 Neuilly-sur-Seine Cedex
www.lire-en-serie.com

Loi n° 49-956 du 16 juillet 1949 sur les publications destinées à la jeunesse

Bonne
Lecture !

RÉSUMÉ DU TOME 6
À L'ASSAUT DES SOMMETS

Gonflé à bloc par sa famille, ses amis et Frédéric Odras, Tony fait des étincelles au sein de l'équipe de la Real Sociedad de San Sebastián sous les ordres de Felipe Bidarte… Jusqu'au jour où son entraîneur quitte le club, remplacé par Matt Haig, un Anglais d'une cinquantaine d'années, très étrange – son assistant n'est autre que… son perroquet, Margaret !

Quand il demande à son équipe de lire *L'Art de la guerre*, Tony croit d'abord à une mauvaise blague : comment un livre chinois vieux comme le monde pourrait-il l'aider à progresser sur le terrain ? Mais Tony trouvera dans ces pages plus de réponses qu'il ne le pensait…

Côte cœur, la déception est amère : Audrey n'est plus célibataire. Elle a rencontré un certain Marco et a fait comprendre à Tony qu'il fallait que lui aussi passe à autre chose. Heureusement, il peut compter sur le soutien à distance de Stan, son meilleur ami, et de Diego, son coéquipier argentin à San Sebastián.

Alors que son équipe gravit les échelons, Tony ne pense qu'à ses rêves d'ascension. Son principal objectif, désormais : intégrer l'équipe première de la Real Sociedad. Et ensuite ? Eh bien, pourquoi pas l'équipe de France, après tout…

Les personnages

Tony Grizi : Tony, 18 ans, évolue depuis maintenant quatre ans au sein de l'équipe des jeunes de la Real Sociedad de San Sebastián, en Espagne. Fan absolu de David Beckham, il rêve de pouvoir lui aussi faire du football son métier !

Maud Grizi : Étudiante en école de journalisme à Paris, la grande sœur de Tony reste un pilier dans la vie du jeune footballeur, même à distance.

Théo Grizi : Le plus petit de la fratrie et premier fan de son grand frère est aussi le premier à crier « Team Grizi » dès que l'occasion se présente !

Alain Grizi : Surnommé le « Grizzli » à cause de sa carrure impressionnante et de son regard sévère, le père de Tony a toujours poussé son fils à donner le meilleur de lui-même sur un terrain.

Isa Grizi : Fille d'un ancien footballeur professionnel portugais, la mère de Tony est prête à tout pour ses enfants.

Julian « The Wall » D'Amata : Ce gardien de but est l'un des meilleurs amis de Tony. Lui aussi originaire de Mâcon, il joue désormais au PSG.

Djibril « Calamity Djib' » Makouba : Un des plus proches amis et ancien coéquipier de Tony à Mâcon. Si son objectif n'a jamais été de passer professionnel, il pourrait en revanche se faire un nom en tant que comique !

Stan Muizon : Stan est un ami d'enfance de Tony. Son seul défaut : il n'est pas fan de Zidane, et lui préfère… Napoléon.

Jean-Baptiste « JB » Texeira : Après des années passées à jouer au city stade avec Tony et Maud, le talentueux footballeur évolue maintenant au FC Toulouse.

Roméo « The Brain » Chapon : Véritable stratège sur un terrain, Roméo connaît toutes les statistiques et les combinaisons par cœur.

Audrey : Amie de Tony, la jolie brune ne laisse pas le jeune footballeur indifférent...

Emilio : Originaire de l'île espagnole de Majorque, ce joueur professionnel vient d'intégrer la Real Sociedad. Il devient très vite ami avec Tony et lui propose d'emménager chez lui et Belinda, sa petite amie.

Javis Ros : Milieu de terrain de l'équipe réserve dont la carrière a un peu de mal à décoller. Très sympa, il accueille lui aussi Tony dans son appartement, non loin de la plage de la Concha, quand le jeune attaquant se retrouve à nouveau sans logement.

Phil Pelves : Premier coach de Tony à l'UF Mâconnais (l'UFM), il a toujours soutenu le « Grillon », malgré sa petite taille.

Frédéric Odras : Sélectionneur de San Sebastián, il a l'œil pour repérer les joueurs prometteurs et passe son temps à voyager.

Matt Haig : Tout droit débarqué d'Angleterre avec un perroquet en guise de conseiller, le coach de l'équipe de Tony est un personnage à part.

Martin Lasarte : Après avoir évolué comme défenseur en Amérique du Sud et en Espagne, il est devenu coach de l'équipe première de la Real Sociedad.

1

NOUVELLE VIE

Il avait deux ans de plus que Tony. Pour le blondinet, ces deux années-là paraissaient des siècles.

Il était né à Palma de Majorque, en Espagne, mais sa famille était originaire de Guinée équatoriale. Un jour – comment aurait-il pu le deviner aujourd'hui ? – il deviendrait le capitaine de l'équipe nationale. Pour l'heure, cependant, et comme il possédait la double nationalité, c'étaient les couleurs de la Roja qu'il voulait défendre. Plusieurs fois déjà, il avait été sélectionné dans des équipes de jeunes. L'avenir, semble-t-il, lui appartenait.

Il s'appelait Emilio. C'était un garçon doux et sensible, qui s'intéressait beaucoup aux autres. Il n'avait pas pris Tony sous son aile – il n'était pas spécialement doué pour jouer les grands frères – mais en peu de temps, il était devenu pour lui un ami véritable et, en un sens, il avait changé sa vie au sein de la Real : en lui prodiguant des conseils, en lui présentant d'autres joueurs (Diego était parti sous d'autres cieux – un parmi d'autres), en lui remontant le moral quand il en avait besoin. L'ironie de l'histoire est qu'il venait d'arriver. Mais son expérience du football pro était bien plus conséquente que celle de Tony.

On était en juillet 2009, et le soleil régnait en majesté au-dessus de San Sebastián. Tony avait fêté son 18e anniversaire quelques mois auparavant. Est-ce qu'il se sentait adulte ?

Pas vraiment ; pas *totalement*, disons. Reste qu'il commençait à manifester de belles velléités d'indépendance. La cohabitation avec Frédéric Odras devenait de plus en plus difficile et, quand Emilio lui proposa d'emménager chez lui, Tony hocha la tête sans même prendre la peine de réfléchir.

– Tu es sérieux ? Je pourrais venir quand ?

– Quand tu veux ! Bon, il y a ma copine, Belinda. Mais je lui en ai parlé, il n'y a pas de problème. Tu aurais ta chambre à toi…

Tony se caressa le menton. Les deux joueurs sirotaient des sodas light à la terrasse d'un café de San Sebastián.

– Il faudrait que j'en touche un mot à Frédéric, mais…

– Hé, Emilio !

Deux jeunes types en survêtement venaient de s'arrêter devant leur table. Le plus grand, qui avait les cheveux teints en blond, sortit un carnet de sa poche et le tendit à l'interpellé, accompagné d'un stylo.

– Bonjour… fit Emilio, intimidé.

– Je vous ai vus jouer l'année dernière, à Castellón. Chouette saison !

– Merci.

– Vous avez marqué, quoi… Dix buts ?

– Sept en championnat. Et un en coupe.

– C'est bien, c'est bien. Vous pouvez me signer un autographe ?

– Avec plaisir.

Tony le regardait faire, admiratif. Un petit mot sympa, une écriture ample et déliée, une griffe simple – le tout effectué avec un parfait naturel.

– Merci ! s'exclama le type aux cheveux teints. Vous jouez ici, maintenant ? C'est génial !

– À vrai dire, lui répondit Emilio, je suis en prêt. Techniquement, j'appartiens à Majorque. Mais je vais tout donner pour la Real, vous pouvez me croire.

– On viendra vous voir !

Sur quoi, visiblement ravis de leur bonne fortune, les deux compères s'éloignèrent. Tony soupira.

– Depuis combien de temps tu es célèbre comme ça ?

L'autre se gratta le crâne.

– N'exagérons rien. Trois ans ? Quatre, peut-être ? Je ne sais plus.

Tony émit un sifflement admiratif. Son ami avait commencé à jouer pour l'équipe U16 d'Espagne en 2005. Une éternité !

– Mais tu sais, ce n'est pas si marrant, d'être connu.

– Tu parles !

– Je te jure. Les gens guettent le moindre de tes faux pas. Si tu loupes un match, c'est comme si tu manquais de respect aux supporters. (Il porta son verre à ses lèvres, et son regard se fit pensif.) Il y a deux ans, j'ai joué la Coupe d'Europe avec l'Espagne, et on a gagné – une finale contre la Grèce. Donc, l'année dernière, on débarque en République tchèque, on est tenants du titre, tout le monde nous attend. Premier match de poule ? On perd 2-1 contre l'Allemagne, les futurs vainqueurs. Notre deuxième adversaire, c'est la Hongrie. Déjà, on est dos au mur. Je veux dire : si on perd, on est éliminés. Et voilà, on prend ce but idiot à la 71e minute, donc assez tard dans le match, et après ça, les Hongrois mettent le but, et moi, je comprends que c'est foutu, qu'on va être éliminés. Et je suis super triste.

– J'imagine.

– Tu sais ce qui est dingue ? J'ai pleuré. J'ai pleuré sans même m'en rendre compte. Et il y avait des télés qui filmaient ça.

– Merde.

– Comme tu dis.

– Après, on rencontrait la Bulgarie – un match pour l'honneur, vu qu'on était déjà hors course. J'étais tellement énervé que j'ai marqué deux buts. On leur a mis 4-0. Mais c'était trop tard. Le mal était fait. J'étais le pleureur. Le type trop émotif, la petite chose fragile. Tu ne peux pas savoir ce que ça m'énerve !

Il reposa son verre, le visage dur. Tony lui tapota gentiment la main.

– Moi, je trouve ça super, que tu aies pleuré. Ça veut dire que tu étais à fond. Ça veut dire que tu en avais quelque chose à faire.

– Mouais. En tout cas, ce truc m'a poursuivi pendant des mois. Tu veux un bon conseil ? conclut-il avec un clin d'œil. Ne pleure jamais sur un terrain de foot.

Tony esquissa un sourire.

– J'essaierai de m'en souvenir.

Dix jours plus tard, le jeune attaquant emménageait chez son ami. La présaison avait repris. Emilio et sa petite copine habitaient un appartement en ville, bien situé – à dix minutes en voiture du centre d'entraînement. À la fin des séances à Zubieta, il l'attendait et ils rentraient ensemble.

Comme promis, Tony avait sa chambre, qui donnait sur une petite place tranquille, agrémentée d'une fontaine.

Belinda était un véritable cordon-bleu, et elle était aussi douce et aimable que son homme. Chaque soir, elle confectionnait pour ses « deux champions », comme elle les appelait, de somptueux plats de pâtes qui réussissaient le tour de force d'être à la fois délicieux et pas trop caloriques. Bien sûr, ça ne valait pas la tartiflette d'Isa. Mais *rien* ne valait la tartiflette d'Isa.

– C'est très bon, Belinda.

La jeune femme le contemplait, attendrie.

– Ne mange pas trop vite, chouchou. Tu vas t'étouffer, les flics vont venir, je vais aller en prison, je vais devenir chef de gang… et je finirai mes jours dans une hacienda au Mexique, auprès d'un éleveur de taureaux de trois cent cinquante kilos avec un sombrero et un fusil automatique.

– Comment ça, un sombrero ? s'écria Emilio.

Ils étaient drôles, prévenants, aux petits soins pour lui. Certains soirs, sur le balcon, ils regardaient le soleil se coucher et jouaient aux cartes en buvant des jus de tomate pimentés. Tony appréciait grandement ces moments. Il avait (presque) l'impression d'avoir retrouvé une famille.

– À quoi tu penses ?

Belinda l'observait, les yeux plissés.

– À rien.

– Tss, tss. Je sais quand tu mens.

Elle se leva, s'étira comme un chat. C'était une belle Andalouse, avec des yeux de braise et des cheveux noirs et soyeux qui lui descendaient jusqu'aux fesses. Bien sûr, c'était la compagne d'Emilio, et il n'était pas question de toucher à ce bonheur mais, parfois, Tony se sentait nerveux en sa présence. Surtout quand ils étaient seuls tous les deux.

– Tu as une petite amie ?

Il secoua la tête. Emilio se resservit un jus de tomate.

– Laisse-le tranquille.

– Je m'informe.

– C'est ça. Il est très bien tout seul.

– Oh, bien sûr. C'est tellement mieux, la vie de célibataire !

La jeune femme disparut dans la cuisine. Emilio eut un sourire en coin. Ces deux-là se chamaillaient souvent, mais c'était pour eux comme un jeu. Tony enviait leur complicité.

Ce soir-là, il regagna sa chambre plus tôt que d'habitude. Le décalage entre sa vie et celle de son nouvel ami lui pesait. Il venait d'atteindre la majorité, alors qu'Emilio était déjà un adulte accompli ; il était seul, et Emilio avait une petite amie depuis des années, avec laquelle il filait le parfait amour ; il rêvait de jouer en équipe de France, mais cela lui apparaissait comme un songe lointain, tandis que son coéquipier évoluait au sein de la sélection espagnole depuis un bon moment déjà.

– Tu vas te coucher ?

Tony étouffa un bâillement factice.

– Oui, je suis crevé. Ça ira mieux demain.

– Bonne nuit !

– Bonne nuit à vous deux.

Il referma derrière lui et s'allongea tout habillé sur son lit. Il frappait aux portes de l'équipe première de la Real Sociedad.

Combien de jeunes joueurs auraient tué pour être à sa place ? Pourtant, tout restait à faire. Ambition, quand tu nous tiens.

2

NE REGARDE PAS EN ARRIÈRE

Il restait dix minutes à jouer, et Barcelone menait 3-0. Messi, Eto'o, Henry : une attaque de feu, qui ne laissait jamais les défenses adverses respirer. Le Real Madrid essayait de faire jeu égal mais, en cet instant, il était moins proche de réduire le score que d'encaisser un nouveau but.

Arc-bouté, Tony donnait tout ce qu'il avait. Sa manette en main, il mimait parfois les actions diffusées à l'écran. Une tête à placer, et il se levait de sa chaise. Un tacle assassin, et il grimaçait. De toute façon, l'affaire était dans le sac. Dans le jeu comme dans le monde réel, le FC Barcelone écrasait ses adversaires.

La saison 2008-2009, sous la houlette de Pep Guardiola, avait été celle du triplé championnat-Coupe-Ligue des champions. Un exploit retentissant, et inédit pour une équipe espagnole. Comme tout le monde, Tony avait suivi l'épopée des Blaugrana à la télévision. La demi-finale si périlleuse contre Chelsea. La finale si glorieuse à Rome, contre le Manchester United de Ronaldo et Rooney. Devant pareil spectacle, le blondinet pouvait mesurer ce qui le séparait encore du très haut niveau.

Fin du match. Score final : 4-0. Tony laissa tomber sa manette et se renversa sur son lit. Puis, après une pause méditative, il fila sous la douche. De quoi allait être faite cette année ? Frédéric avait été clair, et Matt Haig aussi. Il allait falloir forcer les portes de l'équipe première. « Elles ne s'ouvriront pas toutes seules. Une chance te sera donnée, peut-être deux. Tu devrais saisir chaque opportunité à fond. »

Pour l'heure, il attendait toujours. Et le stress le gagnait. Car une chose était certaine : il avait tout misé sur le foot. Au cours de l'année écoulée, il avait fini, avec l'accord de ses parents, par laisser tomber le lycée. Plus le temps, et à quoi bon ? Jamais il ne ferait de grandes études. Autant se consacrer pleinement à son club.

Mais si ça ne marchait pas ? Il en avait entendu, des histoires de jeunes joueurs prometteurs qui, au terme de deux ou trois années d'efforts, avaient fini par échouer à intégrer une équipe professionnelle. Qu'étaient-ils devenus, au sortir de cette aventure ? Avaient-ils fini manutentionnaires, serveurs dans une pizzeria ? Tony ferma les yeux. « Il n'y a pas de sot métier », lui répétait sa grand-mère quand il était petit. Mais elle parlait de son époque. Et elle ne savait pas encore à quel avenir il se destinait !

Oh, il était si triste qu'elle ne soit plus de ce monde. Il aurait tant aimé la voir une fois au stade, juste une fois. Parfois, il imaginait le public scander son nom. Et elle se trouvait là, au premier rang, ravie, agitant un petit drapeau aux couleurs de l'équipe de France.

Tony sourit. Décidément, il était très doué pour rêver. Transformer ses rêves en réalité était une autre affaire.

Machinalement, il saisit son téléphone portable et fit défiler les noms de son répertoire. Les mêmes, depuis bientôt dix ans. JB Texeira, qui jouait au FC Toulouse maintenant, et qui lui aussi rêvait d'un destin en bleu. Julian qui, contre toute attente, avait rebondi au PSG. Stan Muizon, qui se destinait à une carrière de chercheur, et avait obtenu son bac avec mention très bien… Djibril, qui… qui faisait toujours du Djibril, apparemment, qui s'était mis au ukulélé et qui venait de redoubler sa première... Au moins, il s'accrochait ! Ah, ils lui manquaient, ces imbéciles, il aurait bien aimé être avec eux à Mâcon, manger des crêpes chez JB, taper dans un ballon au milieu d'un vieux terrain vague. L'insouciance de sa jeunesse appartenait au passé. Julian, JB et lui étaient tous obsédés par la même chose : devenir de *grands* footballeurs. Et c'était à peu près aussi simple que gravir l'Everest en tongs.

Un ricanement lui échappa. Faisant défiler ses récents messages, il était retombé sur des SMS de sa sœur lui racontant ses récentes vacances avec ses copines, et comment elles avaient fini tout habillées dans une piscine des Baléares. Maud terminait ses études de journalisme, elle papillonnait d'un petit ami à l'autre, elle profitait de sa jeunesse, et sa bonne humeur ne l'avait jamais quittée. Dans le paysage mental de Tony, elle brillait tel un phare immuable. Souvent, il l'appelait pour lui demander des conseils. Il n'y avait personne qui le connaissait mieux qu'elle. Personne en qui il avait plus confiance.

Et Théo ? Eh bien, Théo espérait toujours avoir son bac, lui. Et il essayait de se construire une vie auprès des parents, sans sa grande sœur survoltée, sans son grand frère grand-footballeur-un-jour-peut-être. En l'espace de quelques années, il était passé du statut de petit gamin blagueur et déchaîné à celui de jeune adolescent marrant et enthousiaste. D'une certaine façon, Tony en voulait au destin de les avoir ainsi séparés, de l'avoir privé de cette joie : regarder son petit frère grandir. Pourquoi ne jouait-il pas à Lyon, ou même à Auxerre ? Chaque fois qu'il revenait à Mâcon, Théo avait pris cinq centimètres. Déjà, sa voix avait mué. Bientôt, il aurait de la moustache.

« J'ai toujours été ton supporter numéro un », répétait-il. En ce moment, cependant, son obsession était surtout de savoir si son grand frère avait une copine. Chaque fois qu'ils se parlaient au téléphone, il était persuadé que

Tony lui cachait des secrets, et essayait par tous les moyens de lui tirer les vers du nez. La vérité, c'est qu'il n'y avait personne, ou pas grand monde, dans le cœur du grillon. Audrey avait déménagé l'été précédent pour l'Angleterre, où son père avait été muté. Tony et elle avaient eu la mauvaise idée de se voir quelques jours avant le grand départ – une après-midi au cinéma, des doigts pressés dans le noir. Pourquoi à ce moment-là, alors qu'elle s'en allait ? La réponse était peut-être dans la question.

Il y avait eu des adieux maladroits, une tentative de baiser à la dernière minute (« Mais je suis déjà avec quelqu'un, avait-elle murmuré, comme à regret, on ne peut pas, ce n'est pas bien »), deux ou trois larmes essuyées devant un miroir, la sombre exaltation du désespoir amoureux – un désespoir de pacotille, il s'en rendait bien compte maintenant. Il y avait eu des mails aussi, d'abord tous les jours ou presque, puis toutes les semaines. Comme si de rien n'était, elle avait commencé à lui parler d'un « super pote » à Londres, après quoi les choses étaient devenues floues, plus espacées, et Tony avait serré les poings, s'était concentré sur le foot, avait essayé de tomber amoureux de quelqu'un d'autre – juste histoire de se prouver qu'il pouvait le faire, juste histoire de l'oublier *elle*.

Après ça ? Quelques étincelles qui s'étaient rapidement éteintes, la sœur d'un joueur (20 ans) qui lui avait fait du gringue (« petit Français, susurrait-elle à son oreille, je vais te manger tout cru ! »), un baiser volé à une fête foraine – et c'était à peu près tout. Le foot était-il compatible avec une vie amoureuse ? Bien sûr que oui : il n'y avait qu'à regarder David et Victoria Beckham. Sauf que… eux étaient plutôt l'exception, non ?

Tony ôta ses vêtements et passa sous la douche. À tout prendre, il préférait se consacrer au foot. Au moins, les choses ne dépendaient que de lui, ou presque. L'amour viendrait quand il viendrait, et s'il venait.

Le jeune homme – on ne pouvait plus dire « jeune garçon » désormais – se tenait prêt, mais il n'était pas particulièrement pressé. Avant d'imaginer, de concevoir une histoire à deux, il devait croire pleinement en lui.

3

LE DÉBUT DU COMMENCEMENT

Les entraînements avec Matt Haig avaient repris depuis quelques jours lorsqu'un matin, à la sortie des vestiaires, la tête de Frédéric Odras apparut.

– Tony, je dois te parler. C'est très important !

Le blondinet soupira. « Très important », dans la bouche du recruteur, ça pouvait signifier plein de choses : de « Demain, il y aura de l'orage » à « Je vais m'acheter une nouvelle voiture. » C'est pourquoi, ce jour-là, Tony ne se pressa pas plus que de raison pour prendre sa douche et ranger ses affaires.

Lorsqu'il sortit enfin, son sac en bandoulière, le recruteur faisait les cent pas dans le couloir en consultant nerveusement sa montre. Quand il aperçut son jeune poulain, un large sourire se dessina sur son visage. Un sourire tel que Tony n'avait dû en voir que deux ou trois fois depuis qu'il le connaissait.

– Quoi ? marmonna le jeune homme.

– Cet après-midi, fit Frédéric en posant ses mains sur ses épaules, tu vas t'entraîner avec l'équipe première. Voilà « quoi ».

Tony dut s'appuyer sur un mur pour recouvrer un semblant d'équilibre.

– C'est une blague ?

Le recruteur ne se donna même pas la peine de répondre. Il faisait défiler des numéros sur son téléphone portable.

– Qu'est-ce que… Qu'est-ce que je dois faire ? demanda Tony, perdu.

L'équipe première. Les « pros ». Ils avaient tellement évoqué ce moment ! Il allait s'entraîner avec Claudio Bravo, le gardien chilien. Il allait retrouver Mikel Aranburu et Xabier Prieto, ces milieux redoutables dont il scrutait chaque week-end les performances sur EITB, la chaîne de télévision du Pays basque qui diffusait toutes les rencontres ! La liste des titulaires, en vérité, il la connaissait par cœur. Et il savait que personne, parmi les joueurs, n'était aussi jeune que lui.

– Ce que tu dois faire ? répondit enfin Frédéric en rangeant son portable dans sa poche. Avant tout, garder ton calme. Si le coach te veut sur le terrain, c'est qu'il t'a repéré, ou que quelqu'un t'a repéré pour lui. Peut-être moi ? suggéra-t-il en s'esclaffant. (Puis, retrouvant immédiatement son sérieux :) C'est l'été. Tous les joueurs ne sont pas encore rentrés. Il doit commencer à réfléchir à son équipe et, comme il est nouveau, ce ne sera pas la même que l'année dernière. Pas exactement, du moins. D'autres jeunes auront leur chance. Ce que tu dois faire ? Tu dois tout donner, Tony. J'espère que ce n'est pas une surprise.

En arrivant sur le terrain cet après-midi-là, l'adolescent était tétanisé. D'entrée, il se mit légèrement à l'écart, avec deux ou trois joueurs de la réserve. Frédéric avait vu juste : c'était la présaison, l'effectif était encore loin d'être au complet et le coach naviguait à vue. « N'essaie pas de l'impressionner, avait recommandé le recruteur. C'est par ton sérieux que tu dois le convaincre. Ton engagement, ta régularité. Lasarte est nouveau, comme toi. Il a besoin de repères. De joueurs sur qui s'appuyer. Il n'a aucune idée préconçue à ton sujet. C'est bien pour toi. Mais ça veut aussi dire que tu dois le convaincre. »

Avec les autres joueurs de la réserve, au moins aussi intimidés que lui, Tony commença à échanger quelques passes.

Les pros s'entraînaient plus loin sous la houlette du coach. Le jeune attaquant les observait du coin de l'œil. À un moment,

Emilio lui adressa un signe discret de la main, l'air de dire « bon courage ». Puis un coup de sifflet le fit tressauter, et il s'éloigna.

Cet entraîneur, Tony ne le connaissait pas encore très bien. Martin Lasarte : uruguayen de mère, espagnol de père. En Amérique du Sud, il avait joué comme défenseur, au Nacional Montevideo notamment, club avec lequel il avait remporté la Copa Libertadores et la Coupe intercontinentale – deux compétitions très prestigieuses. En Espagne, il avait évolué dans les rangs du Deportivo La Corogne et joué en Liga. Devenu coach, il avait surtout exercé sur le continent sud-américain, prenant en charge pas moins de huit équipes, du River Plate (Uruguay) au Millonarios (Colombie) en passant par le Nacional.

Frédéric avait glissé quelques mots à Tony à son sujet. Un perfectionniste, sévère mais juste, exigeant mais protecteur.

Pendant une trentaine de minutes, le blondinet et les autres jeunes recrues multiplièrent les exercices d'échauffement, sous l'œil fatigué d'un entraîneur adjoint. Puis Lasarte fit signe à tous les joueurs de le rejoindre au milieu du terrain.

La chaleur était éprouvante. Son front était luisant de sueur : Lasarte faisait partie de ces coachs qui courent avec leurs joueurs.

– On reprend doucement, déclara-t-il. On monte en puissance. Je ne tiens pas à ce que quelqu'un se blesse. Les sensations ne sont pas les mêmes qu'il y a un mois, c'est normal. Les organismes se sont mis en veille, il faut les ramener à la vie sans rien précipiter. Nous allons procéder à un petit match d'échauffement. Fabio ?

Il s'était tourné vers son adjoint, qui portait des chasubles sous le bras et attendait son signal pour les distribuer.

– Je vais former les équipes, décréta le coach. Claudio, Carlos, Sergio : vous prenez les jaunes. Dani, Xabi, Emilio : vous êtes les rouges.

Tony se vit remettre une chasuble jaune. Peu avant le coup d'envoi, Lasarte le prit à l'écart.

– Tu sais pourquoi je t'ai appelé ?

« Parce que je suis le meilleur », pensait l'adolescent très fort.

– Euh, pas vraiment, se contenta-t-il de répondre.

– Jonathan s'est blessé ce matin. Tu le connais ?

Jonathan Estrada. Un ailier colombien qui jouait en équipe nationale de jeunes, apparemment. Tony secoua la tête.

– Pas trop.

– Bon. Tu peux jouer à gauche ? Appels, débordement, surnombre ?

– Oui.

– C'est ce qu'on va voir.

Il porta son sifflet à sa bouche et fit signe à ses joueurs de se mettre en place.

Trente secondes plus tard, le coup d'envoi était donné. Deux fois quinze minutes.

Pour une première, la partie n'était pas simple. Tony essayait de jouer libéré, comme on le lui avait appris. Son équipe était dominée. Plusieurs fois, se sentant inutile à l'avant, il revint prêter main-forte à ses coéquipiers.

Il touchait peu de ballons, mais s'efforçait de bien les négocier. Il jouait la sécurité.

À la mi-temps, le coach vint le trouver de nouveau.

– C'est bien. Seulement, il faut jouer plus spontané. Il faut prendre les espaces, offrir des solutions à tes milieux.

Tony opina, concentré comme jamais.

Une fois, au cours de la seconde mi-temps, il eut l'occasion de se mettre en valeur. Suite à un crochet ravageur, il fila comme une fusée sur l'aile gauche et adressa un centre brossé à Carlos Bueno – un autre Uruguayen –, qui tenta une reprise acrobatique… mais se loupa complètement.

Le match s'acheva sur le score de 2-0 pour les rouges. C'était anecdotique. Tout ce que voulait savoir Tony, c'était s'il avait fait le job. Il se tourna vers les tribunes. Frédéric était là, assis au premier rang, qui levait un pouce en signe d'approbation. Était-il convaincu ?

– C’est bien, déclara-t-il à son poulain sur le chemin des vestiaires. On sentait que tu étais stressé en première période, mais c’était attendu – et je suis sûr que le coach en tiendra compte. Ensuite, tu as essayé de créer des choses. Bon, ça n’a pas fonctionné, tu ne possèdes pas encore les automatismes, personne ne te connaît, mais je peux te dire que tu n’as pas été le plus nul.

– Merci beaucoup.

– De rien. Passe à mon bureau après ta douche. J’aurai sans doute du nouveau.

Tony se pencha pour ôter ses protège-tibias. Dans le vestiaire, les titulaires chahutaient gentiment. Personne ne lui adressait la parole. À un moment, Emilio vint s’asseoir à côté de lui, et lui asséna une petite claque sur la cuisse.

– Joli travail.

Le blondinet le dévisagea, perplexe.

– Ça veut dire quoi, « joli » ?

– Cet entraîneur, je suis comme toi : je le découvre. Mais tu as vu ? À la mi-temps, il a procédé à des changements et il ne t'a pas fait sortir. Bon signe, ça.

Tony acquiesça. Il n'avait même pas noté ce détail.

Sa douche prise, la gorge serrée, il se rendit comme prévu dans le bureau de Frédéric. Il avait du mal à respirer.

Le recruteur lui montra une chaise, et Tony y prit place sans un mot. D'ordinaire, Frédéric avait beaucoup de choses à lui raconter après les matchs de la réserve : les plus, les moins, ce qu'il pouvait améliorer… Cette fois, rien. Il se contentait de le dévisager.

– Qu'est-ce qu'il y a ? demanda Tony après un moment.

Le recruteur posa ses coudes sur la table, et son menton sur ses mains croisées.

– C'est tout de même dingue.

– Hein ?

– Quand je pense au chemin parcouru, reprit Frédéric avec un sourire attendri. Je te revois encore arrivant à l'aéroport, complètement paumé. Tu avais pleuré, non ?

L'adolescent secoua la tête.

– Est-ce que Lasarte a lâché… une indication ?

Le recruteur balaya la question d'un revers de main.

– Pas encore. Il discutait avec son adjoint tout à l'heure. Nous allons nous croiser, pas de panique, je te fais signe dès que j'en sais plus. En attendant, essaie de penser à autre chose ; de toute façon, ce n'est plus de ton ressort.

4

AMICAL, ON EST MAL

Ce soir-là, Tony rentra chez lui sans être plus avancé. Il s'était attardé aussi longtemps que possible au centre d'entraînement dans l'espoir de recroiser Frédéric à un moment ou à un autre. Cela n'arriva pas : pour quelque raison mystérieuse, le recruteur demeurait introuvable.

Dépité, le garçon finit par se résoudre à quitter les lieux. Il était près de 20 heures lorsqu'il regagna le parking, où Emilio l'attendait en écoutant des CD de reggae sur le lecteur de sa voiture. À l'arrivée de son ami, il baissa le son.

– Un problème ?

– Aucun, bougonna Tony en s'installant côté passager.

Pour lui, l'affaire était entendue : pas de nouvelles, mauvaises nouvelles. Emilio, qui commençait à le connaître, savait qu'il était inutile d'en demander davantage. Il mit le contact et remonta le volume.

Belinda les attendait ; elle leur avait préparé un délicieux plat de pâtes sauce poivron, avec des lamelles de jambon ibérique.

– Normalement, vous devriez vous régaler. C'est une recette de ma grand-mère.

Mais Tony avait la tête ailleurs. Il taquinait sa nourriture du bout de sa fourchette. Belinda interrogea son petit ami du regard. Celui-ci lui fit signe que ce n'était pas la peine d'insister.

Le blondinet vida un verre d'eau d'un trait et le reposa un peu trop fort sur la table. Les deux autres le dévisageaient.

– Pardon, marmonna-t-il.

La jeune femme avait posé sa main sur la sienne.

– Si tu nous disais ce qui se passe, hein ?

Emilio se racla la gorge.

– Aujourd'hui, Tony s'est entraîné avec l'équipe première.

Sa petite amie écarquilla les yeux.

– Quoi ? C'est génial !

– Pour la première et la dernière fois, répondit Tony en regardant ailleurs.

– Qu'est-ce que tu racontes ? demanda Belinda. Ils te l'ont dit ?

– Ils n'ont rien dit. Mais s'ils m'avaient retenu pour…

Il s'arrêta net. Le téléphone du salon venait de sonner. Belinda regarda Emilio. Qui haussa les épaules, se leva, prit le combiné et le tendit à Tony.

– C'est pour toi.

Se pouvait-il que le numéro de portable qui apparaissait…

– Allô ? fit l'adolescent d'une petite voix.

– Explique-moi un truc, Tonio (C'était Frédéric, naturellement.) Comment tu peux être assez distrait pour laisser ton portable hors de portée par une soirée pareille ?

Tony se tâta les poches. Effectivement, il n'avait pas son téléphone sur lui. Bon sang, quel idiot ! C'était bien la première fois, en plus.

– Je…

– Ouais, ouais. Bon, peu importe. Tu as fini de manger ?

– Presque.

– Va te coucher. Demain à 9 heures, tu t'entraînes de nouveau avec l'équipe première.

Tony sentit la terre s'ouvrir sous ses pieds.

– C'est vrai ?

– Non, c'est un poisson d'avril. Sauf qu'on est en juillet. Évidemment que c'est vrai !

– Je…

Il ne savait plus quoi dire. Emilio et Belinda l'observaient, tout sourire.

– Demain. Ne sois pas en retard.

– Frédéric, je voulais…

Trop tard : il avait raccroché. Tony fit de même et, de joie, serra le combiné avec force avant de l'agiter sous le nez de ses amis.

– Je retourne à l'entraînement demain.

– On avait compris, répondit Emilio, ravi.

– Tu étais bien le seul à en douter ! renchérit Belinda. Félicitations. Tu veux du dessert ?

– Oh oui ! s'exclama-t-il, ayant soudainement retrouvé l'appétit.

***

Cette nuit-là, Tony, étrangement, dormit du sommeil du juste : comme si son corps savait qu'il lui fallait prendre beaucoup de forces pour la suite.

Le lendemain matin, il se présenta au centre avec une dizaine de minutes d'avance. Il n'était pas le seul. Un autre attaquant était là, un type de la réserve, comme lui, arrivé quelques semaines auparavant.

– Salut. Aitor, c'est ça ?

L'autre, occupé à faire des étirements, se contenta de hocher la tête. Relativement petit mais terriblement musclé, il paraissait très concentré sur ses exercices. Tony décida qu'il valait mieux ne pas l'ennuyer.

Bientôt, le coach fit son apparition, accompagné d'une partie de l'équipe première. Cette fois, on allait procéder à une séance « sèche », sans confrontation amicale. Trois tours de terrain pour commencer, à une allure soutenue. Lasarte s'était assis sur une glacière pour prendre des notes.

– Fait pas froid, hein ? commenta Tony, qui courait à la hauteur du dénommé Aitor.

Pour toute réponse, l'autre accéléra. Il allait être difficile de s'en faire un ami, comprit Tony. D'un certain côté, fallait-il être surpris ? Plusieurs titulaires étaient blessés, d'autres se trouvaient encore en vacances... Le coach voulait du sang neuf : c'était le moment ou jamais de s'affirmer.

Plusieurs séances s'enchaînèrent. À présent, le blondinet semblait faire partie des meubles ; il ne craignait plus, en tout cas, que le coach le congédie à la première occasion. Mais Aitor, lui, se montrait particulièrement agressif : plus que rugueux au contact, il multipliait les bourrades et les tacles inutiles. Tony, qui n'avait pas un tempérament de bagarreur, laissa passer plusieurs provocations avant de montrer les dents.

– Tu vas te calmer ?

Comme à son habitude, le petit attaquant resta muet. Résigné, Tony décida alors de rendre coup pour coup. La méthode porta ses fruits. Au bout de deux ou trois séances, Aitor se choisit une autre cible. Puis un jour, sans raison clairement exprimée, Lasarte cessa de le convoquer. Et à la faveur d'une brève discussion, sur le bord du terrain, Tony comprit que rien de ce qui venait de se tramer ne lui avait échappé.

– Il ne t'embêtera plus.

– Il ne m'embêtait pas. C'est juste…

– Il faisait chier tout le monde, oui ! Celui qui se noie s'accroche à toutes les barques, comme disait mon grand-père. Allez, va rejoindre les autres.

Une semaine plus tard, alors que l'heure de la reprise approchait, Lasarte apprit à ses joueurs qu'un match amical allait se jouer le surlendemain : contre le RC Celta, une autre équipe de seconde division qui, expliqua-t-il, avait fini la saison précédente dans les tréfonds du classement mais attaquait celle-ci avec de plus grandes ambitions.

Tony faisait partie du groupe. Il n'avait évidemment qu'une envie : jouer. Mais il démarra sur le banc. Il en conclut que le coach avait constitué deux équipes, et qu'il figurait dans la seconde. À dix minutes de la mi-temps, toutefois, la pression monta d'un cran. Lasarte fit signe à tous les remplaçants de partir s'échauffer. Sous le regard de Frédéric, qui suivait la rencontre depuis les gradins, l'adolescent se leva et commença ses exercices. Il osait à peine jeter un œil aux tribunes. Ce n'était qu'un match sans enjeu, mais des gens avaient payé pour le voir – des milliers de supporters, en fait. « L'heure de vérité approche », lui avait soufflé Emilio peu avant la rencontre. Oui, la saison allait bientôt commencer pour de bon, avec un objectif clair et précis : remonter en Liga, retrouver l'élite.

À la pause (0-0, une rencontre fermée, beaucoup de nervosité, peu d'occasions de part et d'autre), les titulaires regagnèrent le vestiaire, tandis que les remplaçants continuaient à courir et à sautiller le long du terrain. Au bout de cinq minutes, Pablo Balbi, le préparateur physique, les invita à aller écouter la causerie de Lasarte. C'est là, sur le tableau du vestiaire, que Tony aperçut le numéro 11, celui qui lui avait été attribué quelques jours auparavant... Son nom était inscrit en toutes lettres. Il allait démarrer la seconde période !

Il avait du mal à y croire. Lui, Tony Grizi, le petit attaquant de Mâcon, s'apprêtait à participer à son premier match avec l'équipe professionnelle de la Real Sociedad...

Il inscrivit deux buts ce jour-là : l'un du gauche – une superbe frappe brossée qu'aucun gardien au monde n'aurait pu aller chercher –, l'autre du droit – un centre qui ne lui était pas destiné, et qu'il intercepta pourtant, au nez et à la barbe des défenseurs adverses. La Real l'emporta 3-0. Dans les vestiaires, ses coéquipiers, au premier rang desquels Emilio, le félicitèrent chaleureusement. Certains avaient dix ans de plus que lui. Tony accueillait ces manifestations d'affection avec de grands yeux émerveillés. « Reste calme, se répétait-il. Ce n'est pas un rêve. Tu y es ! »

Après la douche, le préparateur physique, chargé de fixer les rendez-vous pour le lendemain, vint passer les joueurs en revue. Il s'arrêtait devant chacun d'entre eux en consultant ses fiches. « Toi, 10 heures demain avec nous. Toi, avec la réserve... » Arrivé face à Tony, il se gratta la tête :

– Toi ? Attends, je vais me renseigner.

Dans la tête du jeune attaquant, les pensées se bousculaient. Il priait pour être retenu de nouveau. « S'il te plaît, coach, prends-moi, prends-moi... » Finalement, Pablo revint vers lui, l'air aussi fermé que d'habitude.

– Toi, demain, à 10 heures avec nous.

Tony serra les poings. Oui ! Il avait réussi à taper dans l'œil de son entraîneur. Une chance énorme s'offrait à lui. Pas question de s'arrêter en si bon chemin…

5

FAUX DÉPART

Tony Grizi participa à toutes les rencontres amicales suivantes et, avec un total de six buts en cinq matchs (dont deux doublés), termina meilleur buteur de la présaison. Il commençait à se faire une place au sein de l'équipe, à se sentir de mieux en mieux.

Et il avait désormais un casier à son nom ! Naturellement, il savait que rien n'était acquis et que, dans le football plus que partout ailleurs, tout pouvait basculer très rapidement. Il lui fallait continuer de travailler sans relâche, prouver qu'il méritait sa place. N'empêche : il en était là. Contre toute attente, il allait débuter la saison avec l'équipe première. Un matin, Matt Haig, l'entraîneur de la réserve, vint lui faire ses adieux.

– Je ne veux plus te revoir, compris ? Reste avec les grands ! Je ne peux rien te souhaiter de mieux.

La saison débutait le 28 août, par un déplacement aux Canaries. La Real affrontait Las Palmas. Pour la première fois, Tony devait prendre l'avion pour aller jouer un match. Complètement irréel.

Dans l'Airbus qui survolait l'océan Atlantique, c'est tout naturellement qu'il se retrouva assis au côté de son ami Emilio. Le front collé au hublot, il admirait l'océan, moucheté d'une multitude de petits nuages blancs.

– Alors, heureux ?

Son aîné sirotait un jus de pomme à la paille. Tony lui adressa un sourire ravi.

– Tu m'étonnes ! Ce n'est pas un miracle, que je sois ici ?

L'autre secoua la tête.

– Non.

– Comment ça ?

– En foot, rien n'arrive pas hasard – et encore moins par miracle. Tu es dans cet avion parce que le coach juge que tu as le niveau pour jouer dans l'équipe. Le jour où il changera d'avis, tu resteras à la maison. Mais, à mon avis, ce jour n'arrivera pas.

– Tu crois ?

Emilio reposa son jus de pomme.

– Tu es un attaquant. Ce qu'on demande à un attaquant, c'est de marquer des buts. Et toi, tu aimes tellement ça que c'en est presque indécent. Fie-toi à ton plaisir, mon pote. Obéis à ton appétit. Et tu te feras une place pour longtemps.

Tony hocha pensivement la tête.

– Cette année, c'est la bonne, pas vrai ? C'est celle où on remonte.

Emilio embrassa son index et le pointa vers le plafond.

– Le ciel t'entende.

À l'arrivée à l'aéroport, une petite cinquantaine de supporters attendaient les joueurs. Des fans de la Real, qui avaient fait le déplacement exprès, ou qui profitaient de la fin de leurs vacances sur place pour assister à la rencontre. Plusieurs d'entre eux brandissaient des cahiers à autographes. Tony, à qui personne ne demandait rien, resta sagement en retrait tandis que certains de ses coéquipiers se pliaient gentiment à l'exercice.

Enfin, les joueurs et leur encadrement purent sortir de l'aéroport. Un car les attendait.

Le stade de Gran Canaria, qui pouvait accueillir plus de trente mille spectateurs, n'était pas tout à fait plein, mais les chants des supporters restaient très impressionnants.

Tony commença la rencontre sur le banc, au contraire de son ami Emilio, qui était titularisé.

L'équipe de Las Palmas n'avait aucunement l'intention de se laisser marcher dessus. Pendant une bonne vingtaine de minutes, elle procéda à un pressing intensif, occupant la moitié de terrain de la Real et étouffant avec méthode les velléités de contre-attaques adverses. Puis, un peu contre le cours du jeu, Agirretxe, un attaquant fort remuant, inscrivit un but à la 27e minute, et tout le banc de la Real se leva comme un seul homme. La saison était lancée !

L'euphorie fut toutefois de courte durée. Peu avant la mi-temps, Las Palmas égalisa sur corner, remettant les pendules à l'heure.

Dans le vestiaire, la causerie fut musclée.

– Vous espérez vraiment remonter en Liga comme ça ? En jouant avec la trouille au ventre ? Vous n'arrêtez pas de reculer. Osez ! On vient ici pour gagner, pas pour leur offrir trois points !

Machinalement, Tony approuvait. Il espérait qu'au vu de cette première période médiocre, son coach le ferait rapidement entrer. Hélas ! ce ne fut pas le cas. Emilio sortit un quart d'heure avant la fin, mais ce fut Carlos Bueno, l'Uruguayen, qu'on fit se lever pour le remplacer.

Le match n'avait pas pris la tournure escomptée. Au milieu du terrain, le jeu était verrouillé et, dans les dernières minutes du match, Lasarte remplaça un défenseur pour muscler son entrejeu. Le score en resta à 1-1. À considérer la physionomie du match, ce n'était pas un si mauvais résultat.

Déçu, forcément, Tony se leva au coup de sifflet final et partit fouler un peu la pelouse. Le stade se vidait rapidement. Avec les autres remplaçants non utilisés, le jeune attaquant frappa quelques ballons, et il alla même se placer dans les cages pour jouer les gardiens de fortune. Il essayait de ne pas accorder trop d'importance à ce premier match mais, intérieurement, il ne pouvait s'empêcher de gamberger. Quelques jours plus tôt, il avait reçu par mail des nouvelles de JB Texeira.

> Tu te rappelles, Théo ? Pas ton frère, hein ! Le petit frère de Léa, au collège, celui qui jouait à Dijon ? Eh bien, apparemment, ce salopiaud a été sélectionné en équipe de France U16. D'un côté, je suis super content pour lui, et pour Léa (avec qui, comme tu le sais, je suis sorti pendant exactement 18 jours, 6 heures et 43 minutes, d'après mes calculs), mais, de l'autre, j'ai grave les boules aussi. C'était notre rêve, de jouer avec les Bleus, non ? Pour être honnête, je pensais que tu serais le premier d'entre nous à y parvenir. J'ai lu *L'Équipe* hier, et je n'ai vu ton nom nulle part. Est-ce que Raymond Domenech aurait perdu ton numéro de téléphone ?

Sur le coup, ce message – comme la plupart de ceux que lui envoyait son ami – l'avait fait sourire. À présent, un peu moins. Car, après s'être emballé comme un fou lors de la présaison, après s'être imaginé titulaire incontesté de la Real (une saison en seconde division, une remontée expresse, et hop ! en route pour la gloire), il en était là : remplaçant contre une équipe de seconde zone, et même pas entré sur le terrain. Il en était là, oui, à faire le guignol dans les cages, devant des tribunes désertes, et la nuit tombait, et il avait froid, bon Dieu. Pourquoi est-ce que rien ne se passait jamais comme prévu ?

De toute évidence, l'équipe de France était encore loin…

6

L'HEURE DE VÉRITÉ

La première entrée en jeu de Tony arriva quelques jours plus tard, le 2 septembre. La Real recevait, en Coupe du Roi, le Rayo Vallecano, un autre club de Madrid, également pensionnaire de deuxième division. La saison précédente, le Rayo avait fini cinquième du championnat – juste devant la Real. C'était donc une équipe à prendre très au sérieux.

Une nouvelle fois, le blondinet assista au début de la rencontre depuis le banc de touche. Même s'il aurait évidemment préféré se trouver sur le terrain, il appréciait ces moments à leur juste valeur : ils lui permettaient de suivre le jeu au plus près, d'analyser les qualités et les défauts de son équipe.

Le match commençait à 21 heures. Déjà, la nuit tombait sur San Sebastián. Treize mille spectateurs avaient pris place au stade et donnaient de la voix pour encourager leur équipe. Une nouvelle fois, flanqué de son numéro 8, Emilio était titulaire. En attaque, il faisait équipe avec Bueno et les deux Estrada. Difficile de déloger ces quatre-là.

Assis au côté de Tony, Agirretxe ne cessait de pester. Il y avait des trous dans la défense de la Real, le replacement n'était pas assez rigoureux. Lasarte, debout devant son banc de touche, donnait des consignes qui n'avaient pas l'air d'être très suivies. Et ce qui devait arriver arriva : à la 20e minute, à l'occasion d'un débordement ultrarapide, les visiteurs ouvrirent le score par leur numéro 9.

Coup de froid sur le stade. À la mi-temps, le score n'avait pas évolué. Le coach, encore une fois, était en colère. Il voulait voir plus d'agressivité. Il insistait, surtout, pour que les attaquants participent chaque fois que nécessaire au travail défensif. « Vous croyez que votre boulot, c'est juste d'attendre qu'on vous envoie de bons ballons ? » La remarque visait surtout Carlos Bueno, qui avait gâché le peu d'occasions que s'était procurées l'équipe, et tardait chaque fois à se replier.

La seconde mi-temps commença comme s'était achevée la première. Le Rayo défendait haut et la Real n'osait pas attaquer, de peur de se faire surprendre en contre. On jouait depuis bientôt une heure, et la situation restait bloquée. Soudain, Pablo Balbi, qui avait passé dix bonnes minutes à discuter à voix basse avec Lasarte, se leva et saisit trois chasubles vertes, qu'il lança sur les genoux des joueurs susceptibles de rentrer.

– Va t'échauffer, Tony.

Électrisé, le jeune attaquant se redressa d'un bond, noua ses lacets et glissa ses protège-tibias sous ses chaussettes. Puis, procédant à ses étirements, il continua de suivre le match avec attention, gardant aussi un œil sur le préparateur physique et le coach, au cas où ils auraient fait un signe en sa direction.

Xabi Prieto fut le premier à entrer, à la 59e minute – à la place de Jonathan Estrada : un milieu pour un attaquant, donc. Dix minutes plus tard, ce fut le tour d'Agirretxe, qui remplaça Sergio Rodriguez. Cette fois, un attaquant à la place d'un milieu. Manifestement, Lasarte voulait remodeler son trio offensif, dont le jeu était devenu trop lisible.

Tony ne tenait pas en place, faisait les cent pas le long de la ligne de touche. Il était prêt : pas de stress, en vérité, seulement une grande excitation. Physiquement, il se sentait léger. Prêt à courir. Cinq minutes plus tard (on était entré dans le dernier quart d'heure), Pablo se dirigea vers lui et lui attrapa le bras. « Grizi, tu entres dans cinq minutes. »

D'un coup, le blondinet sentit sa belle insouciance le quitter. Ça y était ! Son premier match pro en compétition officielle ! Mince, quelle pression... Pour juguler la peur, le jeune attaquant accéléra son échauffement. Après quoi, sentant que son moment allait arriver d'une seconde à l'autre, il retourna sur le banc pour enfiler son maillot et écouter les conseils de son entraîneur. Celui-ci, les yeux rivés sur le terrain, lui parlait sans le regarder.

– Joue comme si tu étais dans la rue avec tes potes. Du naturel, d'accord ? De la percussion. Allez !

La Real occupait la moitié de terrain adverse : un véritable siège. Sur un signe de son entraîneur, Tony partit se positionner au centre du terrain. Le quatrième arbitre inspecta ses crampons, et s'assura qu'il portait bien ses protège-tibias. Emilio, qui passait non loin, adressa un clin d'œil à son ami. Il ne manquait qu'un arrêt de jeu pour qu'il entre sur le terrain. Tony, intérieurement, pestait. « Bon sang, pourquoi il ne sort pas, ce ballon ? C'est difficile, de tirer en touche, de faire une faute, de concéder un corner ? »

Il fallut cinq bonnes minutes avant que le jeu consente à s'arrêter – comme si le ballon lui-même s'était chargé de retarder l'échéance. Enfin ! une touche fut sifflée pour les visiteurs. Tony, se mordillant la lèvre inférieure, prit une grande inspiration. Dans son dos, le numéro 27. Premier match officiel. À petites foulées, il s'avança vers le centre du terrain.

Le speaker annonça son entrée. Une petite ovation l'accueillit, et le jeune attaquant sentit une vague d'énergie positive l'envahir. De l'euphorie ? Après tout, il avait été formé ici, à la Real : les supporters le considéraient comme un enfant du pays. L'espace d'une seconde, il se tourna vers les tribunes. Il allait donner à ces gens ce qu'ils étaient venus chercher.

***

Certes, ce match-là ne fut pas, tant s'en faut, le meilleur de Tony. Mais l'essentiel était ailleurs : dans sa présence sur le terrain.

L'adolescent était entré depuis trente secondes quand il toucha son premier ballon. Après un puissant rebond, il pressa son vis-à-vis et, d'une tête, lui subtilisa la balle. Il se trouvait dans le rond central avec, à son côté, le dernier rempart adverse ; il se lança dans une longue chevauchée.

Le public l'emportait, la clameur lui donnait des ailes, il en avait des frissons. En quelques secondes, il se retrouva seul face au gardien adverse. Mais une pincée de stress malvenue l'empêcha d'accomplir ce qu'il voulait. Ayant trop poussé la balle sur son côté gauche, il s'était enfermé. Il parvint néanmoins à déclencher une frappe assez pure, que le portier repoussa en corner avec ses jambes.

Tony ferma les yeux. Il aurait tellement voulu marquer pour son premier match. Quel symbole cela aurait représenté ! Malheureusement, la Real, ce soir-là, ne se procura aucune nouvelle occasion. Pire : à la 85e minute, sur un ballon mal renvoyé par la défense, ce fut le Rayo Vallecano qui doubla la mise. Tony se détourna, écœuré. Arracher les prolongations devenait mission impossible. Comme plus aucun ballon ne lui arrivait, il suivit les instructions du coach et revint dans sa moitié de terrain pour prêter main-forte à sa défense. L'important, c'était de mouiller le maillot. De montrer qu'on était prêt à mourir pour ce club.

Ce soir-là, il était près de minuit quand Tony appela ses parents.

– Alors ? demanda son père.

– On a perdu.

– Mais tu es rentré ?

– 2-0. Oui, je suis rentré. Tard, mais quand même !

– Des occasions ?

– Une.

– Mais ?

– Mais rien. Je suis parti trop loin avec le ballon – trop excentré. Après, c'était compliqué de repiquer au centre. J'ai croisé ma frappe, mais…

– Mon fils.

– Mmh ?

Tony pouvait presque voir son père sourire à l'autre bout du fil.

– Mon fils qui joue en championnat d'Espagne.

– Ligue 2, papa.

– Mais vous allez remonter.

– Je ne suis pas sûr. Vu comment c'est parti.

– Vous allez remonter, Tony. Il faut que tu le veuilles. Il faut que vous le vouliez tous – plus que tout. Tu imagines ? Tu gagnes ta place. Vous arrivez en Liga. Tout le monde pourra te voir, alors. Tout le monde saura qui tu es.

Tony, le téléphone collé à l'oreille, faisait les cent pas sur le parking.

– Dire qu'il y a quelques jours je pensais que tout était foutu.

– Il y aura d'autres désillusions, fiston. La vie d'un footballeur en est remplie. L'important, quand on tombe…

– … c'est de remonter en selle tout de suite. Je sais.

Alain Grizi renifla.

– Tu te souviens de ce jour où on était allés à une fête foraine à Lyon ?

– Houlà ! Je ne devais pas être bien vieux.

– Tu avais 6 ans. Peut-êtrc 7. Il y avait une petite montagne russe – tu sais ? En forme de chenille. Tu voulais absolument monter dedans.

– Pourquoi tu me racontes ça ?

– Ta mère était pour. Moi, j'étais contre. Comme d'habitude, c'est elle qui a gagné.

Tony entendit sa mère protester au fond du salon. Il avait tellement de chance de les avoir, ces deux-là.

– Et alors ?

– Et alors, je suis monté dedans avec toi.

D'abord, tu t'es esclaffé, tu étais aux anges – grimper dans ce machin, c'était ce que tu avais toujours voulu. Puis tu as eu la trouille quand ça a démarré : tu as pleuré. Ensuite, je t'ai serré contre moi, je t'ai raconté qu'on naviguait dans l'espace ou je ne sais quoi, qu'on était des sortes de chevaliers du ciel, et tu as ri aux larmes… avant de pleurer de nouveau, quand il a fallu descendre. C'est ça que je voulais te dire, Tony. Le foot, c'est comme les montagnes russes. Tu passes par tous les états. Des fois, tu es au septième ciel, le soleil est ton ami. À d'autres moments, tu tuerais la terre entière pour qu'on te fasse descendre. Accroche-toi, mon Tony. Essaie d'être toujours quelqu'un qui sourit. Même au cœur de la tempête.

7

L'AIGUILLON DU DOUTE

Quatre jours plus tard, Tony réalisa ses débuts officiels en seconde division. Toujours à domicile, il entra pour le dernier quart d'heure contre Murcie, en remplacement de Jonathan Estrada. Côté Real, ce fut l'unique remplacement : preuve, peut-être, que Lasarte n'était pas loin de tenir son équipe-type.

La semaine suivante, contre le Nastic de Tarragone, Lasarte envoya le jeune attaquant sur le terrain à une minute de la fin : une manière de casser le rythme, de gagner du temps et d'assurer une victoire (2-1) acquise plus tôt grâce à des buts d'Agirretxe et de Carlos Bueno. Huit jours plus tard, à Anoeta – face à Gijón –, le coach fit de nouveau appel à lui, mais à la mi-temps cette fois. Les locaux, menés, égalisèrent une première fois par Agirretxe, puis une seconde fois, à dix minutes de la fin, par le même avant-centre.

Tony tirait son épingle du jeu et amenait souvent le danger dans la surface adverse, mais il n'arrivait toujours pas à être décisif. Contrairement à Agirretxe, donc.

L'adolescent éprouvait beaucoup de sympathie et d'admiration pour ce dernier. À 22 ans, du haut de son mètre quatre-vingt-sept, Imanol Agirretxe était l'un des grands espoirs du club qui l'avait formé. La saison précédente, il avait inscrit 9 buts en 28 matchs et, cette année, il espérait faire mieux. Tony ne savait pas trop s'il avait affaire à un allié ou à un rival. Sans doute un peu des deux.

Quoi qu'il en soit, après quatre journées, la Real demeurait invaincue. Mais, avec trois nuls et une seule victoire, elle pointait à une peu flatteuse 11e place. Et Tony était encore très loin d'être un titulaire indiscutable.

– Patience, lui répétait Frédéric. Je connais Lasarte. Il t'aime bien. Il attend juste que tu te libères.

– Ça veut dire quoi ?

– Que tu prennes tes responsabilités devant le but. Tu es un attaquant. Ton job, c'est de marquer. Apparemment, en deux ou trois occasions, tu as joué trop collectif. Il faut prendre des risques – tenter, et tenter encore.

Tony retint-il la leçon ? Durant la semaine suivante, en tout cas, il n'eut pas le temps de se poser beaucoup de questions. Une fois de plus, il lui fallait déménager. Il y avait de l'eau dans le gaz entre Emilio et Belinda, et ces derniers préféraient régler ça dans l'intimité.

– Ce n'est pas que tu gênes, hein, au contraire, on adore t'avoir à la maison. Mais on traverse une phase difficile et on a besoin de se retrouver tous les deux, tu comprends ? Ça risque de ne pas être marrant pour toi. Je ne te mets pas à la porte, note bien. Si ça t'intéresse, Javis Ros cherche un colocataire…

Javis Ros était un milieu de terrain de l'équipe réserve dont la carrière avait un peu de mal à décoller. Il était gentil, paisible de caractère, et il louait un joli trois pièces non loin de la plage de la Concha. L'affaire fut réglée en deux jours : le temps pour Tony de rassembler ses quelques affaires et de les fourrer dans le break de Frédéric.

Le jour de son arrivée dans son nouvel appartement, alors qu'il se promenait justement sur la plage en fin d'après-midi, le jeune homme vit un numéro inconnu s'afficher sur l'écran de son téléphone. Il décrocha sans savoir du tout à quoi s'attendre.

– Allô ?

– C'est moi, déclara une voix qui lui était bien familière.

Il s'arrêta. Audrey.

– Euh, salut.

– Tu es à San Sebastián ?

– Oui.

– Moi, je suis à Barcelone. Pour quelques jours.

Tony cligna des yeux.

– C'est les vacances à Londres ?

– Non. Le frère de mon père habite ici et il… il est tombé malade.

– Oh. Désolé.

– Ouais, merci. En vérité, il va peut-être mourir, tout le monde ici est super triste, mais… je me demandais… Tu es là, ce dimanche ?

– J'ai un match.

– Ah ?

– Je joue en équipe première, annonça Tony, soudain très fier.

– Pour de vrai ?

– Pour de vrai. Je ne suis pas toujours titulaire mais…

– Mais ça va venir. J'en suis certaine.

Il sourit. Cela lui faisait plaisir d'entendre de nouveau sa voix après tout ce temps. Il avait des tas de questions à lui poser. Elle ne lui en laissa pas le temps.

– Écoute, je dois y aller.

– D'accord.

– Mais je vais essayer de venir te voir dimanche.

– Vrai ?

– Bien sûr, pourquoi pas ? Il est à quelle heure, ton match ?

– 17 heures.

– Il reste des places ?

– Je pense que oui.

– Bon. Je ferai mon possible. J'espère que tu seras sur le terrain, hein. Et que tu marqueras des buts.

– En fait…

Il voulait dire : « Ça ne m'est jamais arrivé encore. » Il préféra s'abstenir. De toute façon, elle avait raccroché.

Décontenancé, il considéra son téléphone portable avec un mélange de joie et de panique. Il avait été pris au dépourvu, et mille questions se bousculaient sous son crâne. Pourquoi l'appelait-elle *lui,* après tout ce temps ? Avait-elle quelque chose derrière la tête ? Était-elle… en couple ? Son oncle était-il réellement malade ?

D'autres inquiétudes plus personnelles le taraudaient. Viendrait-elle pour de bon, ou avait-elle juste dit cela par politesse ? Que penserait-elle, en le voyant débuter sur le banc ? Allait-il se montrer à la hauteur ?

8

JOUR J

Jusqu'au dernier moment, Tony ne sut pas s'il allait jouer le match contre la Sociedad Deportiva Huesca. Durant les entraînements, le coach Lasarte testait plusieurs systèmes de jeu. De toute évidence, et même si la Real restait invaincue, il n'aimait pas ce qu'il voyait depuis le début de la saison. « Si on ne marque pas, on n'ira pas loin. » Le matin de ce 27 septembre 2009, pourtant, à la fin de la dernière séance de décrassage, il vint trouver l'adolescent.

– Tu vas démarrer le match.

Tony sourit.

– OK.

– Joue sans pression. Comme pendant les séances. Ils ne te connaissent pas – personne ne te connaît : c'est ta chance. Je veux te voir prendre plus de risques. (Il posa une main sur son dos.) Et ne te torture pas, entendu ? Tape-toi une petite sieste.

Facile à dire ! La sieste, ce devait être possible quand on avait cent matchs en Liga au compteur. Mais trop de pensées encombraient l'esprit de Tony. Rentré chez lui, il brancha la console, choisit au hasard une équipe de bas de tableau, et sélectionna le FC Barcelone comme adversaire. Autant se frotter à ce qu'il y avait de mieux.

Il avait mal dormi la nuit précédente. Le coup de fil d'Audrey l'avait chamboulé, et il échafaudait toutes sortes d'hypothèses.

Pourquoi se mettait-il dans des états pareils pour une fille ?

Mais peut-être que ce n'était pas elle, le problème. Peut-être que ce qui lui faisait peur, c'est qu'elle se rende compte qu'il n'était qu'un footballeur ordinaire. C'était tout de même incroyable qu'il soit titularisé d'entrée, précisément le jour de sa venue !

14 heures. 15 heures. Il gardait un œil sur la pendule du salon. L'aiguille des minutes avançait si lentement !

Enfin, il fut temps de partir. Javis, qui traînait dans la cuisine, apparut sur le seuil avec un sandwich jambon cru-salade.

– Bonne chance, Antoine.

Tony le serra dans ses bras sans dire un mot, attrapa son sac et sortit au soleil.

***

Lorsque l'équipe fit son entrée sur le terrain, à 16 h 50, il lui sembla que la clameur du stade était plus forte que d'habitude. Les mains dans le dos, il ne pouvait présenter aux caméras qu'un sourire crispé. Dans les tribunes, des milliers de supporters agitaient des drapeaux bleu et blanc. « Détends-toi », s'encourageait Tony.

Audrey était-elle dans les tribunes ? Impossible de le savoir.

Bah, il fallait qu'il arrête de penser à ça.

Le coup de sifflet fit office de libération.

Les premiers ballons arrivèrent sans tarder. Tony essayait de jouer « naturel », en une ou deux touches de balle, sans se compliquer l'existence. Assez vite, tout de même, il tenta un dribble, quelques passes vers l'avant. La Real jouait à domicile, devant son public. Il fallait oser. Prendre des risques.

39e minute. Depuis quelque temps, on sentait qu'il allait se passer quelque chose. Les deux équipes se procuraient des occasions de plus en plus nettes, et c'était à qui craquerait le premier. Dans les tribunes, les supporters criaient à s'en abîmer les cordes vocales. Ils voulaient que la Real lance *vraiment* sa saison.

Soudain, aux abords de la surface, Tony reçut un bon ballon adressé par Mikel Aranburu, l'un des tauliers du groupe – un milieu de terrain qui jouait au club depuis de nombreuses années.

Le blondinet contrôla du gauche, créa un décalage et se retrouva soudain en position de tir… mais du pied droit. Une pensée lui traversa l'esprit : « Ce n'est pas ton bon pied. » Suivie immédiatement d'une autre : « On s'en fout ! »

Depuis l'extérieur de la surface, il décocha une frappe flottante – superbe. Le ballon partit se loger dans la lucarne : le gardien adverse, surpris, n'avait rien pu tenter.

But. BUT !

Tony ne savait pas du tout quoi faire. Bras écartés, il courut sans s'arrêter vers la tribune, s'arrêta net, et embrassa l'écusson du club en tirant sur son maillot, pour bien le montrer aux supporters.

– *Vamooooooos !* hurla-t-il, tandis que ses partenaires lui tombaient dessus.

Et, pendant les cinq minutes qui le séparaient de la mi-temps, il fut incapable de réaliser ce qui s'était passé.

Il avait marqué. En équipe première. En match officiel ! Lui, le petit Français dont on avait moqué la coupe de cheveux à son arrivée, dont on avait singé l'accent et raillé les expressions bizarres, il avait marqué. Il l'avait fait !

À la pause, tout le monde regagna les vestiaires. Lasarte prit son jeune poulain par l'épaule. « Ne t'enflamme pas, surtout. Continue dans cette voie. »

Tony l'écoutait d'une oreille discrète. Il pensait à ses parents, qui découvriraient tout ça sur Internet. À sa sœur, à son frère. À Audrey, qu'il ne voyait pas, mais dont il sentait la présence dans les tribunes. Il songeait à tous ces matins où il passait devant Anoeta en voiture, avec Frédéric, lançant, plein d'assurance : « Ça, c'est mon stade. Je vais y jouer et marquer plein de buts ! »

La seconde mi-temps fut une bataille de tranchée. Les occasions étaient rares ; sentant l'égalisation possible, Huesca tentait le tout pour le tout. Tony était fatigué. À un quart d'heure de la fin, le coach le sortit et fit entrer Carlos Bueno à sa place. Les deux joueurs échangèrent une chaleureuse accolade.

– Marque le tien, souffla le blondinet à son partenaire.

Et Carlos le prit au mot. Sur une ouverture lumineuse venue du milieu, à la limite du hors-jeu, il tenta un dribble peu conventionnel dans la surface, élimina un défenseur puis le gardien… et n'eut plus qu'à pousser le ballon dans les buts vides. 2-0, à une minute de la fin. Cette fois, la victoire était acquise. Sur le banc de touche, Tony bondit avec les autres lorsque l'arbitre siffla la fin du match. Son but, cette victoire, la remontée au classement (la Real était maintenant 6e, à deux points du premier) : tout était parfait. Et le jeune attaquant était ravi de pouvoir fêter ce succès dans les vestiaires avec les anciens, qui ne tarissaient pas d'éloges à son sujet. « Bien joué, le petit Français ! » Il accueillait les compliments avec son éternel sourire, ravi de sentir qu'il s'était fait une place dans l'équipe.

– Tony ?

Il finissait de s'essuyer les cheveux. Le préparateur physique vint le chercher.

– Mmh ?

– Il y a quelqu'un qui t'attend à la sortie.

Le cœur du blondinet fit un bond dans sa poitrine.

– Qui ça, quelqu'un ?

– Une fille.

Audrey ! Le jeune attaquant jeta sa serviette au loin et partit enfiler ses habits de ville.

Deux minutes plus tard, tandis que les autres continuaient de chanter et de danser, il sortit discrètement des vestiaires.

– Salut, beau gosse.

Maud !

Le sourire que Tony s'était composé s'était figé sur son visage. Elle le prit dans ses bras, et il se laissa faire, tout raide, ébloui.

– Qu'est-ce que tu fabriques ici ?

– Ça ne se voit pas ? Je viens te supporter.

Je suis ta fan numéro un. (Elle s'écarta pour mieux le jauger.) Dis donc, si ça ne te fait pas plaisir, faut le dire tout de suite !

Il bafouilla une excuse.

– Je croyais… Enfin, je suis surpris, quoi ! Mais c'est génial. Génial de te voir.

Sa grande sœur leva un pouce.

– Ce qui est génial, c'est que j'aie réussi à être présente pour ton premier but officiel. Je suis tellement fière de toi, petit frère !

De nouveau, elle l'étreignit et, cette fois, il répondit à son affection. Qu'Audrey aille se faire voir. Rien ne valait la famille.

***

Maud, ce soir-là, emmena son frère dîner. Elle ne cessait de lui parler, lui prenait les mains, remplissait son verre. Ses yeux brillaient de bonheur, d'émotion.

– Aujourd'hui, une nouvelle vie commence pour toi. Il va falloir que tu te protèges.

– De quoi ?

– De tout. Des autres, de la presse, de ta propre fierté, surtout. Tu n'as pas le droit de gaspiller cette chance.

– Je n'en ai pas du tout l'intention.

– Je sais, fit-elle en rajustant le col de sa chemise.

Il lui sourit. Il pensait encore à Audrey, consultait son portable de temps à autre. Il trouvait ça presque drôle. Il avait marqué pour elle, elle n'avait pas donné signe de vie et, à sa place, c'était sa sœur qui était venue – celle qui avait toujours été là. Comme un rappel. Comme un symbole.

– Je suis hyper content que tu sois là, tu sais. Comment vont les parents ?

Le lendemain, seule une petite séance de remise en forme était prévue. Ils discutèrent jusque tard dans la soirée. Ils avaient tant à se dire, comme à chaque fois ! Quand ils se quittèrent – Maud dormait à l'hôtel, elle repartait tôt le lundi matin –, Tony avait les larmes aux yeux, mais c'étaient des larmes de joie.

Audrey l'appela deux jours plus tard. Son oncle était mort, elle n'avait pas eu une minute à elle, elle retournait à Londres le lendemain, impossible de passer, elle était désolée. Et puis, son fiancé l'attendait. Son fi-an-cé.

Tony lui présenta ses condoléances. Qu'y avait-il d'autre à faire ? Une page se tournait.

– Et ton match ? demanda la jeune fille. Tu as joué ?

9

LA RANÇON DU SUCCÈS

En quelques semaines, tout avait changé pour Tony. Il était désormais un élément incontournable de l'équipe, quelqu'un sur qui on pouvait compter. Il marquait des buts. Pas énormément, pas assez à son goût, mais tout de même : plusieurs fois, il débloqua des situations qui paraissaient bien mal engagées. Début octobre, après la victoire contre Huesca, la Real l'emporta à Numancia, 3-1. Tony ne fut pas décisif, mais joua les quatre-vingt-dix minutes, et son apport à l'animation offensive devenait évident. La semaine suivante, nouveau succès, face à Salamanca : 2-0. Cette fois, le jeune homme avait ouvert la marque et n'avait été remplacé qu'à neuf minutes de la fin. Emilio, qui avait commencé la saison dans la peau d'un titulaire, était désormais surtout utilisé comme remplaçant. Mais il n'en concevait aucune amertume. Au contraire, il considérait les progrès de son ami avec admiration, et ne cessait de l'encourager.

Le soir de cette victoire, Lasarte annonça à ses joueurs que la Real était première du classement – et toujours invaincue.

– Les objectifs qui m'ont été fixés par les dirigeants sont clairs : la remontée. Cette première place si tôt n'est pas une bonne nouvelle. Désormais, la Ligue 2 va savoir qui nous sommes. On va nous attendre, tout le monde rêvera d'être la première équipe à nous faire tomber.

Avec Cartagena, la Real était la dernière formation invaincue. Dès la journée suivante, elle retomba sur terre : défaite 1-0 contre Levante. Tony, qui s'était révélé impuissant à égaliser malgré ses quatre-vingt-dix minutes passées sur le terrain, était fou de rage. Il avait l'impression d'avoir failli. Son entraîneur, qui le surveillait du coin de l'œil, vint le trouver à la sortie du vestiaire.

– Pas ton match le plus convaincant.

– Je n'ai rien fait.

– Tu n'as pas marqué, c'est différent. Tu as pesé, mais pas assez. Je veux que tu participes davantage à l'effort collectif. On s'en moque, au fond, que tu marques ou pas. Ce qu'on veut, c'est gagner. Et on tient à ce que tu joues ton rôle dans la victoire.

– Vous allez me mettre à l'écart ?

– N'importe quoi.

Le match suivant, à domicile, fut remporté 1-0 contre Cordoba. Ce fut Emilio, rentré en seconde mi-temps, qui délivra son équipe… sur une passe de Tony ! Les deux amis, fous de joie, improvisèrent une petite danse au bord du terrain.

Tony commençait à comprendre que la saison serait difficile, que rien ne serait jamais acquis et que si la Real remontait, ce serait nécessairement de justesse. Raison de plus pour savourer les bons moments quand ils se présentaient.

La rencontre suivante fut un cauchemar : défaite 5-1 contre Hercules. L'adolescent, entré en jeu peu de temps avant la fin, eut au moins la satisfaction de marquer un but. Mais il mesurait le chemin qui séparait la Real de l'excellence… et de la Liga.

La Real était désormais troisième, à égalité de points, notamment, avec son bourreau du jour, mais la différence de buts était médiocre. Il fallait faire mieux. Il fallait faire plus. Une trêve s'annonçait pour les vacances de la Toussaint. Elle était la bienvenue. Tony prit le premier avion pour Lyon. Il avait besoin de se ressourcer et de retrouver les siens.

***

– On commence à parler de toi, on dirait.

– Un peu.

Tony et Stan s'étaient assis dans les tribunes vides du stade de Mâcon. Une pluie fine tombait sur la pelouse. Comme c'était étrange de retrouver cet endroit, après toutes ces années.

– Le théâtre de tes premiers exploits, lâcha Stan, hochant le menton. Un jour, peut-être que ce stade portera ton nom.

Tony sourit.

– Faudrait peut-être pas exagérer.

– Et pourquoi pas ? *The sky is the limit*, comme disent ces fichus Anglais. Quoique, aujourd'hui, le ciel m'a l'air sacrément bouché. Tu as un maillot floqué à ton nom ? Un maillot qui se vend ?

Tony approuva.

– L'autre jour, j'ai vu un gamin qui le portait : en pleine rue, à deux pas de chez moi. Je peux te dire que ça fait bizarre. La première chose que j'ai pensée, c'est : « Moi aussi, j'en veux un ! »

Stan remonta le col de son manteau de laine. Depuis la rentrée de septembre, il étudiait en fac d'histoire à Lyon.

– J'ai toujours cru en toi, tu sais. Et j'ai toujours pensé que tu aurais besoin de moi.

L'autre se tourna vers lui.

– Tu ne vas pas te remettre à me parler de Napoléon, si ?

Stan haussa les épaules.

– Ah, ce vieux Nap... Il nous a souvent été utile, non ? Mais rassure-toi. Comme tu le sais, je suis passé à autre chose. En ce moment, c'est plutôt l'occupation nazie. Himmler, Goering... Que des joyeux lurons, en somme... Enfin, revenons à toi. Est-ce que tu as la sensation que le club te protège ?

Son ami gonfla ses poumons d'air.

– J'essaie de me protéger moi-même. L'encadrement me surveille, me donne des conseils. Par exemple : « Ne lis pas les journaux. » Ça rend fou, ces trucs-là. Tu imagines ? Tout ce que tu fais – la moindre passe, le moindre regard – chaque geste est analysé, décortiqué, à longueur de temps. Ce qui compte, c'est ce que dit le coach.

– Martin Lasarte, c'est ça ? J'ai lu des articles sur lui. Il n'a pas l'air de rigoler des masses.

– Oh, il a de l'humour ! Mais faut vraiment le connaître.

– Il t'explique comment gérer la pression ?

– Oui. « Ne te prends pas la tête », ce genre de choses. Il me suit de près. Il raconte que j'ai du potentiel.

– Quelle finesse d'analyse !

Tony secoua la tête.

– Ouais, sauf qu'il ne le dit pas comme ça. Il est malin, tu sais. Il va nous faire remonter en Liga : j'en suis certain.

– Après, tu pourras jouer contre Messi.

– Je lui botterai les fesses, oui !

Ils se levèrent, et sortirent de l'enceinte sans rien ajouter. Ils avaient passé une partie de l'après-midi à arpenter les lieux de leur enfance. La cité où Tony avait couru. Le McDo, la pizzeria, le bowling… Kowabunga, les célébrations débiles après chaque but… Ça lui manquait, tous ces trucs-là.

– Des nouvelles de Djib ?

– Je crois qu'il veut lâcher le lycée. Je le croise, des fois, quand je reviens pour le week-end. Tu sais, on n'a pas grand-chose à se dire.

– Je vois.

– On va se taper un milk-shake dégueulasse ?

Ils s'étaient arrêtés devant le fast-food au grand M jaune.

– Allez ! fit Tony.

Quelques minutes plus tard, installés à une table près de la baie vitrée, ils sirotaient leurs boissons chocolatées en faisant de grands « slurp ».

– C'est toujours mieux avant, fit remarquer Stan.

– Mmh ?

– Quand tu entres ici. Tu as faim, tu veux plein de trucs, tu es limite en extase. Et puis, quand tu y es, c'est invariablement décevant. Je crois que c'est la dopamine qui provoque ça.

– La dopa-quoi ?

– Une hormone liée au plaisir. Au désir. Tu veux des choses, parce que tu sais que ça va produire tel ou tel effet sur toi. Tu enclenches un système de récompense. La sérotonine, au contraire, encourage les gens à rechercher un état de stabilité : en gros, je suis content comme je suis.

Tony acquiesça.

– Je dois manquer de sérotonine. Je veux toujours plus. Toujours ce que je n'ai pas.

– Tu m'en diras tant. Par exemple, en ce moment, qu'est-ce que tu voudrais que tu n'aies pas déjà ? Jouer au Real de Madrid ?

– Pas forcément. Je suis bien là où je suis…

– Ah, tu vois !

– … Mais je voudrais être sélectionné en équipe de France.

Stan ôta sa paille de sa bouche.

– Ah, là, en effet, c'est plus compliqué. Et pourquoi ce désir soudain ?

Tony se tapota la poitrine à l'endroit du cœur.

– Ce n'est pas nouveau. Ça a toujours été là. Le problème, c'est qu'avant, c'était un rêve tellement lointain que ça ne me travaillait pas tellement. Comme une petite fille qui se dirait : « Plus tard, je serai princesse. » Ça ne mange pas de pain, tu vois. Sauf que maintenant…

– Maintenant, tu es un vrai joueur pro.

– Exact.

– Et ça ne te paraît plus aussi impossible qu'avant.

– Voilà.

Stan repoussa son gobelet et posa ses mains à plat sur la table.

– Mon ami, tu sais ce que j'en pense. À cœur vaillant rien d'impossible – et tout le tralala. Seulement, il va falloir cravacher.

– Je suis prêt.

– Il va falloir souffrir, aussi.

– Ça ne me tuera pas.

– Physiquement *et* mentalement.

– Mentalement ?

– Parce que tu vas douter. Parce que d'autres que toi joueront en bleu, et que ça te paraîtra injuste.

Les paupières du blondinet se rétrécirent.

– Tu sais, rien n'a jamais été facile pour moi. Rien n'est jamais tombé tout cuit dans la bouche du petit Grizi. Se battre, ça fait partie de mon ADN. Se trouver une place à une table déjà bondée.

– Je note une progression dans le choix des métaphores.

– C'est parce que je relis tes mails.

– Flatteur.

Tony se leva, et referma son blouson pour affronter la pluie froide du dehors.

– Tant que je ne porterai pas le maillot des Bleus, il me manquera quelque chose.

Stan se gratta le front.

– La Coupe du monde, c'est quand déjà ? Dans six mois ? Tu crois que tu seras prêt ?

– Pff. Faudrait déjà qu'on se qualifie.

10

NE FAIS PAS LE MALIN

Le combat de la Real pour retrouver l'élite serait long et ardu : Lasarte ne cessait de le répéter aux joueurs. Pour son match de reprise contre le RC Recreativo, l'équipe de San Sebastián s'imposa 1-0, sur un but de Tony à la 75e minute. À l'issue de la onzième journée, la Real était désormais deuxième, à un point du leader, le FC Cartagena. Après la dernière séance d'entraînement de la semaine, avant le match qui devait imposer son équipe à Albacete, le coach vint trouver le jeune attaquant.

– N'importe quoi.

– Hein ?

– Cette séance. Tu n'y étais pas.

– Je…

– Je t'ai vu signer des autographes à ces jeunes filles, près des gradins, tout à l'heure. Tu te prends pour une vedette ?

– Pas du tout.

– Tu n'as pas réalisé un grand match le week-end dernier. Tu t'es montré opportuniste, tu nous as délivrés : d'accord. Mais j'attends plus de toi, et tu le sais. Les entraînements sont primordiaux à mes yeux. Personne ici ne peut affirmer que sa place de titulaire est acquise. Dernier avertissement, Tony.

– Oui, chef.

– Ne fais pas le malin.

Le blondinet le regarda s'en retourner avec étonnement. Tout ça pour trois petites signatures ?

La belle série de la Real se poursuivit durant tous le mois de décembre, avec plusieurs victoires importantes à la clé. Au soir de la dix-septième journée, l'équipe trônait au sommet du classement, avec deux points d'avance sur Hercules et six sur Cartagena. Tous les voyants étaient donc au vert. Sauf que Tony ne marquait plus. Et que son coach le faisait jouer de moins en moins.

Durant les vacances de Noël, le jeune attaquant s'efforça de faire comme si tout allait bien et, auprès de sa famille, il ne rentra pas dans les détails. Il était ravi de retrouver Maud et Théo, heureux de se laisser cajoler par sa mère, fier de lire de l'admiration dans les yeux du paternel. Plusieurs voisins se présentèrent durant ces vacances, des gens que Tony n'avait plus croisés depuis des lustres, et qui voulaient le voir – tout heureux de connaître quelqu'un de « célèbre ».

– Qu'est-ce que ce sera quand tu auras gagné la Coupe du monde… murmura Maud un soir en regardant partir une ancienne institutrice de son frère qui, pendant toute la soirée, n'avait pas tari d'éloges sur « ce garçon formidable », dont elle avait tout de suite, prétendait-elle, détecté la « grande sensibilité ».

– Elle semble avoir oublié que j'avais collé un chewing-gum à la fraise sur sa chaise.

– Et qu'elle voulait te faire redoubler.

– Je ne sais pas si je dois rire ou pleurer. Tu sais qu'elle m'a demandé un autographe pour son petit-fils ? Il a 7 ans.

– Elle doit penser que ça aura de la valeur dans quelques années.

– Bien sûr que ça en aura ! protesta Tony, faussement offusqué.

Ils restèrent un moment sur le seuil, à regarder la neige tomber. La nuit n'allait plus tarder.

– Tu veux une cigarette ? demanda Maud.

– Quoi ?

– C'était un test. Un point pour toi. Bon, dis-moi, ça ne va pas très fort en ce moment. Footballistiquement parlant.

– Je me demande comment tu sais ça…

Elle se tapota la tempe.

– J'ai mes infos. Tu veux m'en parler ?

– Pas grand-chose à ajouter. Le coach prétend que suis moins bien sur le terrain, et « à l'ouest » aux entraînements. Il affirme que je n'y suis pas. Qu'il ne – comment il a dit ? Qu'il ne « décèle plus » chez moi l'envie de progresser.

– Et il a raison ?

Tony haussa les épaules.

– Michael Ribaud, tu te souviens de lui ?

Maud haussa les sourcils.

– Comment l'oublier ?

– J'ai eu des nouvelles. Par Djib.

– Djib est en contact avec Michael ?

– Djib est en contact avec les Twins. Ne m'en demande pas plus. Ce que je sais, c'est que ce petit enfoiré a été contacté pour évoluer avec les U19.

Maud sourit.

– Je n'ai pas l'habitude d'entendre de telles grossièretés dans ta bouche, *little brother*.

– D'habitude, je jure en espagnol, rétorqua Tony avec un clin d'œil.

– Tiens donc ! Alors il a tracé sa route, le gamin ?

– Mieux que moi, oui.

– Arrête avec ça. On s'en fiche, des U19. Je peux t'en citer plein, des mecs qui ont joué deux-trois matchs avant de disparaître complètement de la circulation. Ce qui compte, c'est l'équipe de France : la vraie.

– Moui… Enfin, tu reconnaîtras que les U19, c'est tout de même un sacré tremplin !

Maud attrapa le bras de son frère.

– Mon éternel insatisfait.

– Ce n'est pas ma faute si je fais des rêves où je remporte la Coupe du monde…

– Ça manigance, ici ?

Isa venait d'apparaître dans le dos de ses enfants. Ce don qu'elle avait pour s'approcher d'eux sans qu'ils l'entendent !

– On parlait de bouffe, déclara Maud. Tony se plaignait de ne pas encore avoir mangé de tartiflette.

– En fait… commença l'intéressé.

Leur mère les prit tous deux par le cou et les embrassa l'un après l'autre.

– Phil Pelves vient ce soir. Avec Monique.

Ils s'en retournèrent vers le salon.

– Maman… soupira Maud. Tu vas inviter tous les gens qui ont participé de près ou de loin à l'ascension de ton fils ?

– Exactement. Il faut savoir rendre ce qui nous a été donné.

– S'il en est arrivé là, c'est parce qu'il a du talent.

– S'il en est arrivé là, c'est certes parce qu'il a du talent, mais aussi parce qu'il est entouré de beaucoup d'amour et d'affection.

– Amen ! déclara Théo – qui venait de faire son entrée – en ébouriffant la tignasse de son frère.

Bientôt, Alain Grizi parut à son tour. Toute la famille était à présent réunie.

– Phil vient de m'appeler. Il aura un quart d'heure de retard.

Tony soupira – ce qui n'échappa pas à sa mère.

– Un souci, mon chéri ?

– Oui. Non. Je veux dire, j'aimerais bien me reposer, aussi. Parler d'autre chose que de foot.

Les autres membres de la famille échangèrent des regards inquiets. Ça ne ressemblait pas à leur Tony. Alain fronça les sourcils.

– Tu es malade, fils ?

– Non.

– Il est en colère, déclara Maud.

Son frère lui jeta un regard mauvais.

– En colère ? répéta Isa. Mais contre quoi ?

Sans un mot, Tony se leva, regagna sa chambre, ferma sa porte et s'assit sur son lit. Il s'était passé tant de choses durant ces quelques mois. Trop ? Il avait besoin de respirer, de faire le point. Il avait besoin de directions nouvelles. Le lendemain, à la première heure, il prit rendez-vous chez le coiffeur.

***

– Dis-moi que c'est une blague.

Frédéric, qui attendait son protégé à l'aéroport, ouvrit de grands yeux en le regardant s'approcher.

On était le 1er janvier au soir, et l'adolescent, qui s'avançait la tête baissée en traînant sa valise derrière lui, s'était fait teindre les cheveux en bleu.

– Ben quoi ? marmonna-t-il, bougon.

– Rien, répondit le recruteur en lui prenant sa valise. Ça va drôlement plaire à Lasarte, c'est tout.

– On est sélectionnés en fonction de la coupe de cheveux, maintenant ?

– En partie, oui. Tu représentes le club. Tu ne peux pas faire n'importe quoi. Question d'image.

– C'est juste une couleur. Ça s'enlève en deux ou trois rinçages.

– Alors fais-en quatre.

– Pour de vrai ?

En ce jour de nouvel an, le hall de l'aéroport de Biarritz était plus vide qu'à l'accoutumée.

– Je ne fais que te donner un conseil. Tu es majeur et vacciné. Mais tu te rappelles ce qui s'est passé quand tu t'étais fait des tresses ? Matt Haig n'avait pas spécialement apprécié.

– On jouait contre les États-Unis, je m'en souviens très bien. Il m'a forcé à changer.

– Et tu l'as fait.

– Oui, mais maintenant, comme tu l'as dit, je suis majeur.

Frédéric s'arrêta devant l'ascenseur.

– La majorité, ce n'est pas un truc qu'on a inventé pour autoriser les gens à devenir débiles. Tu n'as rien d'un rebelle, Tony. Un : se rebeller demande du courage, et aller chez le coiffeur n'est pas ce que j'appellerais un acte d'une folle témérité. Deux : en principe, on se rebelle contre une injustice, ou un système oppressif. C'est quoi, ton problème ? Jouer dans une équipe pro qui est aux petits soins pour toi ?

Tony regardait ailleurs en se mordant les lèvres.

– Je fais ce que je veux, lâcha-t-il.

– Nous sommes bien d'accord. Et les autres aussi. Je t'aurai prévenu.

11

LE RENARD ET LE RÊVE

– C'est assez simple. Tu ôtes cette couleur, ou tu ne joues pas.

Tony posa une main sur ses cheveux. Son entraîneur, un cure-dents coincé entre les incisives, retourna à ses dossiers.

Ils se trouvaient dans son bureau, en ce 2 janvier, à 9 heures du matin, et les prédictions de Frédéric s'avéraient parfaitement exactes. La direction de la Real n'était pas – n'avait jamais été – friande de fantaisies capillaires.

– Tu avais autre chose à me demander ?

Martin Lasarte manifestait des signes d'impatience.

– Est-ce que… Est-ce que vous aviez prévu de me faire jouer, sans ça ?

Le coach releva les yeux.

– Ce n'est pas ainsi que ça se passe, tu le sais très bien. Va t'entraîner. La nomination des titulaires aura lieu en fin de séance, comme d'habitude, juste avant que nous partions pour l'aéroport. Et, comme d'habitude, elle dépendra de votre comportement sur le terrain.

– Mais si…

– Tu peux disposer.

Tony s'éloigna, traînant le pas, et gagna les vestiaires. Une demi-heure plus tard, ses cheveux avaient, à peu de choses près, recouvré leur teinte naturelle. Il était aussi furieux d'avoir cédé que de s'être laissé aller, en premier lieu, à une fantaisie aussi puérile. Les cheveux bleus… L'équipe de France… Qu'espérait-il ? Que ses provocations inciteraient quelqu'un à changer d'avis à son sujet ?

En salle d'embarquement, ce jour-là, tandis que le personnel de bord procédait aux derniers contrôles, il appela à la maison, et tomba sur son père. Il ne savait pas trop quoi lui dire ; il avait juste besoin de parler.

– Comment ça se présente, fils ?

– Bof.

– Tu n'es pas titulaire ?

– Emilio joue à mon poste. Je rentrerai peut-être.

– « Ton » poste ?

– Oui, bon. Celui où je joue d'habitude.

– Et tes cheveux ? Ils ont aimé ?

– Ils ont adoré.

– Tony ?

Le jeune homme soupira.

– J'ai enlevé la couleur.

– À la bonne heure ! Brille par ton jeu, mon fils. Modère le reste – tout le reste.

Tes colères et tes frustrations ne concernent que toi. Tu peux les transformer en quelque chose de positif, mais ça ne relève que de ta responsabilité.

Tony s'avança vers l'immense baie vitrée qui donnait sur le tarmac. Un petit Airbus roulait au pas.

– Qu'est-ce que vous faites ?

– Ta mère est en cuisine. Moi, je repeins le garage. Nouvelle année, nouveau look.

– Maud ?

– Ta sœur est enfermée dans sa chambre avec des écouteurs et une Thermos de café. Je crois qu'on appelle ça « réviser ».

– Théo ?

– Console. Au salon. Très productif.

– Vous me manquez.

– Toi aussi. Ta mère a peur que, sans toi, nous n'arrivions pas à terminer la purée. Nous allons essayer de lui prouver que personne n'est indispensable.

Tony sourit.

– Embrasse tout le monde.

– Je n'y manquerai pas. Oh, et, fiston…

– Oui ?

– Reste fidèle à tes valeurs. Aux valeurs de la famille. Les Grizi ne sont pas connus pour se laisser marcher sur les pieds, mais ce ne sont pas non plus des gens qui ramènent leur science à la première occasion. Reçu ?

– Cinq sur cinq.

Il raccrocha, et rejoignit ses coéquipiers. L'heure était venue d'embarquer.

– Un problème ?

Emilio s'inquiétait toujours pour le bien-être de son ami.

– Pas vraiment, fit Tony. Je suis content que tu joues. Je serai moins content si tu ne marques pas.

La Real, ce jour-là, obtint un match nul frustrant sur le terrain de Villarreal. Elle avait ouvert la marque à un quart d'heure de la fin, mais l'adversaire avait égalisé presque aussitôt. Lasarte fit entrer Tony dans la foulée ; il ne parvint pas à faire pencher la balance du bon côté. Hercules, qui l'avait emporté dans le même temps, rejoignait le club de San Sebastián à la première place du classement.

– Ils ne nous lâcheront pas, ceux-là, maugréa le coach sur le vol du retour. Prochain match la semaine prochaine contre Cadiz. Je ne vous apprendrai rien si je vous dis qu'il s'agit d'une équipe en plein doute : ils sont dix-neuvième, ils viennent de perdre à domicile. À nous d'en profiter et de les enfoncer davantage. Demain, journée off, on se retrouve lundi pour le débrief et le décrassage.

Les joueurs, fatigués, opinèrent silencieusement. Tony, assis dans le fond de l'appareil, croisa les bras et essaya de dormir.

***

Construite au XIXe siècle, la cathédrale du Buen Pastor, la plus grande de la ville, avait été inaugurée en 1897, dans un style rappelant celui des églises médiévales allemandes et françaises. On disait que l'ardoise et la pierre qui avaient servi à la construire provenaient du mont Igueldo, qui dominait la ville et où Tony était monté à son arrivée. Le jeune attaquant y voyait comme un symbole. Que faisait-il ici, en ce dimanche après-midi pluvieux ? Lui-même n'aurait su exactement le dire. Il avait besoin de calme. Besoin de se retrouver.

Il s'avança dans la travée centrale, jetant un œil aux impressionnantes ogives latérales. Une vieille femme agenouillée au deuxième rang triturait un chapelet avec dévotion en murmurant une prière. Tony se passa une main sur la nuque.

Cet endroit lui rappelait sa mère – une fervente catholique, inspirée par la foi de ses ancêtres. Enfant, Tony l'avait souvent accompagnée à l'église, où elle se contentait en général de brûler un cierge ou de prier cinq minutes. Elle nourrissait une passion toute particulière pour la Vierge Marie, qu'elle implorait dans les moments difficiles. Est-ce que ça fonctionnait ? En tout cas, la famille restait unie, épargnée par les malheurs. Chacun allait sa route sans faire de mal aux autres. « Nous sommes heureux », réalisa le jeune homme avec une pointe d'étonnement.

Il s'assit sur une chaise au premier rang, laissant ses mains reposer sur ses cuisses. Il ne savait pas trop s'il était censé prier : l'idée de demander à Dieu de l'aider à entrer en équipe de France lui paraissait un peu déplacé. Il formula une requête, cependant. Une affaire très privée entre lui et quelque chose de plus grand. Il demandait de l'aide. Il désirait y voir plus clair. Il espérait trouver le calme. Grandir dans cette certitude que tout irait bien, et que ce qui devait advenir adviendrait. Il était doué. Il était courageux. Il avait fait de belles rencontres. Il n'y avait aucune raison que la chance l'abandonne.

« Sois patient, lui avait conseillé sa mère quelques jours auparavant à Mâcon. Ne blâme pas les autres. Puise en toi les forces d'affronter l'adversité, la jalousie ne te mènera nulle part. Si tu ne veux pas que les autres soient meilleurs que toi, ne leur souhaite pas de devenir mauvais : deviens simplement meilleurs qu'eux. »

Il ferma les yeux. Une paix singulière avait pris possession de son cœur. Les paroles de son père, la veille. La voix de sa mère qui résonnait à présent. Il était entouré d'amour. C'était une forme de bénédiction.

Au bout d'un moment, rasséréné, il se leva. La vieille dame était debout, elle aussi, et jetait des regards embués aux vitraux du chœur. Tony lui adressa un sourire sincère, et sortit. L'air était froid, le ciel, d'un bleu vif. Avec gratitude, il emplit ses poumons d'oxygène. Et décida de rentrer à pied.

Sur le chemin du retour, ce jour-là, empruntant un itinéraire qu'il n'avait pas l'habitude de suivre, il découvrit une boutique de tatouages. Apparemment, elle avait ouvert depuis peu. Il s'arrêta devant la vitrine et resta immobile pendant un long moment, observant les différents dessins et photos qui y étaient exposés. Des motifs graphiques, des fleurs, des portraits, des phrases calligraphiées... Le dessin d'un renard attira son attention et raviva en lui des souvenirs de son enfance, d'un livre en particulier... Un livre que lui avait offert sa mère et qu'il avait longtemps chéri comme un trésor : *Le Petit Prince*. Tony n'avait jamais été un grand lecteur, mais cette histoire l'avait marqué – et l'un des personnages était justement un renard.

Le lendemain, à l'heure de l'ouverture, il se présenta au propriétaire du salon de tatouages. C'était un grand garçon au crâne chauve et au regard incroyablement bienveillant. Tony lui expliqua ce qu'il désirait. Juste une phrase, en français.

Le tatoueur lui fit signe de s'installer et prépara son matériel.

– Juste cette phrase, hein ? Pas de dessin ?

Tony hocha la tête. Pour les ornements, on verrait plus tard. Le tatoueur aux yeux bleus approcha son aiguille.

– Ça va piquer un peu. Tu me dis si tu veux que j'arrête.

L'adolescent lui fit signe qu'il pouvait y aller. Il était prêt à souffrir – raisonnablement. Ça en valait la peine.

Avec un sourire, le tatoueur commença à tracer la première lettre.

– Elle est de qui, cette phrase ?

– Saint-Exupéry, répondit Tony en frémissant. Un Français, il a écrit…

– Je sais.

Environ une demi-heure plus tard, la petite séance de torture était achevée.

– Bon, ça va rester rouge quelques jours, prévint le tatoueur. Et après, ça fera partie de toi. À jamais.

– Merci.

Il se leva, se regarda dans la glace. Il avait cessé de grandir et, pourtant, il grandissait encore.

– Tu joues à la Real, hein ?

Il opina, songeur.

– J'essaie, en tout cas.

– On est tous avec vous, assura le tatoueur. Moi, je ne m'intéresse pas trop au foot, mais mon copain, si. Et je suis content pour la ville, pour les gens. On est tous avec vous, répéta-t-il.

Tony murmura une parole d'assentiment et se passa une main sur le bras, aussi légère que possible. Oui, ces mots allaient faire partie de lui, désormais.

Fais de ta vie un rêve
et de ton rêve une réalité

12

UN POUR TOUS ET TOUS POUR UN

– Voici le classement actuel. Je vous demande d'être attentifs.

Juin était là. Il restait trois matchs à jouer, et Martin Lasarte se tenait devant un paperboard, feutre en main.

Il souleva une feuille. Tony avala sa salive.

1er	Levante	68 points	+ 21
2e	Real	68 points	+ 15
3e	Hercules	64 points	+ 24
4e	Real Betis	64 points	+ 17
5e	Cartagena	64 points	+ 14

– Bien, fit le coach une fois que tout le monde eut pris le temps d'assimiler les infos. Quelles conclusions peut-on en tirer ?

Carlos Bueno leva le doigt.

– On a une différence de buts toute pourrie.

Éclats de rire dans la salle.

– Pas faux. Hélas. J'ai dû le répéter cent fois : on n'a pas tué les matchs autant qu'on aurait dû. Autre chose ?

Tony se manifesta à son tour.

– Oui ?

– Il faut qu'on gagne nos deux prochaines rencontres.

L'entraîneur opina.

– Exact. Si on maintient cette avance de trois points sur le troisième, quel qu'il soit, on ne peut plus être rejoints, et l'affaire est dans le sac.

Mais je veux plus que ça, vous vous en doutez. Il reste trois matchs, et j'exige trois victoires. Je veux que nous terminions premier de ce championnat. Un titre est un titre, même acquis en Ligue 2. Et il faut que notre montée ne souffre aucune contestation. Nous avons squatté le haut du tableau dès les premières journées, il est hors de question que nous échouions maintenant. Ce serait un camouflet dont vous vous souviendriez jusqu'au restant de vos jours. Sans parler des supporters. On n'a pas le droit de donner un tel espoir aux gens si c'est pour les décevoir ensuite.

Le vestiaire restait silencieux. La Real sortait d'une victoire 2-1 contre Villarreal, acquise en seconde mi-temps. L'équipe avait son destin entre ses mains. La tension était palpable.

Tony se frotta le genou. Il s'était un peu fait mal lors de ce match, et le coach avait hésité à le sortir, mais il lui avait fait signe que non, c'était bon, ça allait. Il n'avait pas marqué, mais ce n'était pas important. Il avait délivré une passe décisive. Il était maintenant l'un des cadres de l'équipe. Un chemin considérable avait été parcouru.

– Notre adversaire, mathématiquement, n'est pas encore sauvé. Vous connaissez Cadiz. Au match aller, nous leur avons collé quatre buts. Devant leur public, ils auront soif de revanche. Mais ce n'est pas notre problème.

Comme d'habitude, le discours du coach sonnait clair et juste. Pas de quartiers. Un pour tous et tous pour un.

Bientôt, le coach frappa dans ses mains. C'était le signe de la dispersion – allez, à l'échauffement ! Tony jeta un œil à ses partenaires. Il aimait cet esprit de corps, cette cohésion, cette solidarité. C'était grâce à ces valeurs que l'équipe était parvenue au sommet du classement. Au moment d'entrer sur la pelouse, le jeune attaquant prit une grande inspiration. Un soleil radieux trônait au-dessus de la ville. Ils n'allaient pas flancher maintenant.

***

Comme on pouvait s'y attendre, le match contre Cadiz s'avéra plus difficile qu'à l'aller… du moins pendant une dizaine de minutes. Les locaux exerçaient un pressing étouffant. Tony, qui avait été aligné d'entrée, et qui était le meilleur attaquant de l'équipe, échappa à deux tacles assassins. Puis Carlos Bueno, son acolyte, commença son festival. Un premier but au terme d'un long raid solidaire ; un deuxième au retour des vestiaires, sur un coup franc repris de la tête. Et un troisième sur un service de Tony lui-même – un magnifique une-deux conclu aux abords de la surface par un imparable tir enroulé. En courant vers son partenaire pour le serrer dans ses bras, le jeune attaquant se sentit plus euphorique qu'il ne l'avait jamais été. Certes, il ne connaissait pas les résultats de leurs adversaires directs, mais la perspective d'une remontée devenait plus tangible que jamais, et ce n'est pas le but inscrit par

Cadiz en toute fin de match qui y changea quoi que ce soit.

Dans les vestiaires où les joueurs laissaient éclater leur joie, Martin Lasarte fit son entrée sous les vivats. Il tenait une petite feuille à la main, avec les résultats de la soirée. Levante avait perdu. Cartagena et Hercules, qui s'affrontaient, avaient fait match nul. Le Real Betis l'avait emporté – mais peu importait. Le classement était désormais le suivant :

1er	Real	71 points	+ 17
2e	Levante	68 points	+ 20
3e	Real Betis	67 points	+ 19
4e	Hercules	65 points	+ 24
5e	Cartagena	65 points	+ 14

– Le constat ?

Tous les joueurs s'étaient mis à hurler de plus belle.

– On est en Liga, on est en Liga, on est, on est…

– Stop !

Martin Lasarte avait crié, étendant les mains pour modérer leur enthousiasme.

– Mais, coach...

– Techniquement, non : nous n'y sommes pas encore. Six points d'avance sur le quatrième, certes, mais leur différence de buts est meilleure que la nôtre. Si nous perdons nos deux matchs et qu'ils gagnent les leurs, nous sommes cuits.

Emilio leva une main.

– Et si le Betis perd ? Ou Levante ?

– Ils ne perdront pas. Ils sont comme nous : affamés. Mais nous devons être plus affamés encore. À présent, nous allons rentrer chez nous. Vous allez vous reposer et vous allez faire en sorte de ne penser à rien, rien à part le fait que nous devons battre le RC Celta. Nous allons jouer devant notre public et nous allons finir le boulot. Le reste n'a aucune importance. Dites-le bien aux supporters. Dites-le à vos proches. Dites-le-vous entre vous. Nous allons battre le RC Celta. (Il leva un poing vengeur.) Nous sommes la Real Sociedad. Notre place n'est pas en Ligue 2. Notre place est avec le Real Madrid et le FC Barcelone !

Un tonnerre d'exclamations accueillit cette déclaration. Lasarte n'avait pas son pareil pour galvaniser ses troupes, et Tony n'était pas le dernier à hurler et à sauter en l'air.

En sortant du stade, ce soir-là, et malgré l'heure tardive, il appela immédiatement ses parents.

– Tony.

Son père avait été le plus prompt à décrocher.

– On a gagné, papa.

– J'ai vu ça. Mais sur le papier…

– Prends des billets pour San Sebastián. Le 12 juin, samedi prochain. Je paierai tout ce qu'il faut.

– Nous pouvons quand même…

– Je paierai, l'interrompit son fils, tout excité. Fais venir Maud et Théo. Fais venir Stan. On est prêts à les recevoir, papa. Prêts à les tuer.

– Eh bien, eh bien…

Alain Grizi riait presque. La fougue de son fils le prenait de court – il ne l'avait jamais connu comme ça. Ou peut-être que si ? Il le revoyait, son petit Grillon, filant telle une torpille sur les pelouses de l'UFM, il revoyait ses buts et ses célébrations d'enfant. Sa tristesse, aussi, les fois où sa chère équipe perdait… Il essuya une larme au coin de sa paupière.

– On sera là, fiston. Tâche juste de ne pas te casser une jambe.

13

D'OÙ VENONS-NOUS, OÙ ALLONS-NOUS ?

La semaine précédant le match fut l'une des plus singulières de la jeune existence de Tony Grizi.

Le temps s'était suspendu, et toute la ville semblait retenir son souffle.

Depuis quelques semaines, le jeune attaquant vivait seul, dans un appartement du centre-ville déniché par le club. C'était une nouveauté, cette solitude, mais ça lui faisait beaucoup de bien. Il avait eu besoin de se recentrer. Besoin de revenir aux sources, aux valeurs fondamentales – de réfléchir sur lui-même.

Il avait mûri : comme homme, comme joueur.

Le mercredi, après l'entraînement, Emilio invita ses partenaires dans un petit restaurant de fruits de mer où il avait ses habitudes. Xabi et Zurutuza – les deux solides milieux – étaient là. Carlos Bueno, Aramburu, Diego Rivas… Tous des chouettes gars, tous des guerriers, qu'il avait appris à connaître, à respecter, et même, pour certains d'entre eux, à aimer…

Il y eut un tour de table ce soir-là. Dans quelques jours juste avant le match contre Las Palmas, la Coupe du monde allait commencer, et chacun devait donner son favori.

La plupart des Espagnols voyaient, naturellement, l'Espagne aller au bout. Il faut dire qu'avec Iniesta, Ramos, Puyol, Busquets et Casillas, la Roja avait vraiment fière allure.

Quand arriva le tour de Tony de livrer son pronostic, il reposa sa fourchette.

– L'Espagne.

– Pas la France ? s'étonnèrent ses coéquipiers.

Le jeune attaquant marqua une pause avant de répondre :

– On a eu notre chance en 2006. On l'a laissée passer. Maintenant, Zidane est parti. On s'est qualifiés pour cette compétition je ne sais pas trop comment (un murmure approbateur s'ensuivit – personne n'avait oublié la main de Thierry Henry lors du match de barrage), et je ne sais pas pourquoi, mais je ne le sens pas. On a qui, comme grand joueur ?

Personne ne lui répondit.

Carlos Bueno, qui était assis à sa gauche, finit par lui flanquer un coup de coude.

– Ils t'attendent. C'est pour ça.

– Mmh.

Le jeune attaquant regardait ailleurs. Son partenaire comprit qu'il avait fait une bourde.

– Hé ! Ne te casse pas la tête : on veut *tous* jouer en équipe nationale. Mais on est en Ligue , pour l'instant. Pas évident d'attirer l'attention.

Tony ne répondit pas. N'avoir jamais été appelé en bleu, équipe de jeunes ou pas, restait pour lui une blessure. Avec le temps, il avait appris à gérer l'intense dépit qu'engendrait chez lui cette situation mais, chaque fois qu'on lui en reparlait, il se sentait dans la peau du type à qui on rappelle l'existence d'une ex-petite amie.

Le reste du repas se déroula dans un calme relatif. Tony (il en avait conscience) avait quelque peu gâché la fête.

Il rentra chez lui le cœur lourd, et se coucha en songeant aux Lloris, Ribéry, Anelka et autres joueurs qui, dans quelques jours, allaient disputer leur premier match contre l'Uruguay.

Son rêve continuait de le hanter. En faire une réalité, d'accord – mais quand, et comment ?

Dès le lendemain, il s'efforça de chasser ces idées sombres. Il mettait à profit son temps libre pour se promener en ville. On l'arrêtait, on lui demandait des autographes. Il revivait. Surtout, il mesurait à quel point les supporters étaient derrière eux. Personne n'imaginait un autre scénario que la remontée.

Arriva le samedi.

À l'entrée du stade, la famille au complet attendait le héros du jour. Tony tomba dans les bras de ses parents.

– Où est Stan ?

Stan n'avait pas pu se libérer, hélas. Mais il avait écrit une lettre à son ami – à n'ouvrir qu'après la rencontre, lui expliqua sa mère.

Le jeune attaquant se rembrunit.

– Quoi ? demanda son père.

– Eh bien…

– Dis-le ! le pressa Maud.

– Je ne vais pas jouer, voilà !

– Quoi ? s'étrangla Théo. Mais c'est pas juste, t'es le meilleur, t'es…

Tony secoua la tête.

– C'est comme ça. Peut-être que je rentrerai dans les cinq dernières minutes, si tout se passe bien pour nous.

Son père posa une main sur son épaule.

– Ça n'a aucune espèce d'importance, mon fils. Tu es là pour ton équipe, et nous sommes là pour toi.

Il le serra dans ses bras avec gravité. Son frère et sa sœur l'imitèrent et il se laissa faire, hébété.

Isa, qui se tenait à l'écart, renifla avec dédain.

– Ça ne prend pas.

Les autres se tournèrent vers elle, interloqués. Maud haussa un sourcil.

– Je connais mon fils. Et je connais ce regard polisson. Et je t'ai observé, à ton arrivée, avec tes copains. Tu vas jouer ce match.

Tony la contempla pendant un moment sans prononcer un mot. Puis il secoua la tête.

– T'es quand même extraordinaire, fit-il avec un grand sourire.

Sa mère arborait une expression de triomphe.

– Je sais, répondit-elle tandis que son mari la couvait d'un regard admiratif. C'est un trait familial censé se transmettre de génération en génération. On va voir si ça marche. Allez, cours rejoindre les autres.

***

La Real, ce soir-là, battit le RC Celta sur le score de 2 à 0. Tony ne marqua pas, mais délivra une merveille de passe à Carlos Bueno, dont le but délivra le stade tout entier.

L'équipe de San Sebastián possédait une avance de trois points sur Levante, avec une différence de buts défavorable. Il lui suffirait, lors du dernier match, de ne pas faire un plus mauvais résultat que son dauphin pour terminer championne de Ligue 2. Mais l'essentiel était déjà acquis : la Real allait retrouver l'élite.

Dans les rues de la ville, les supporters, extatiques, laissaient éclater leur joie. Enfin !

Tony et les siens portèrent leur entraîneur en triomphe, et restèrent un long moment sur la pelouse pour communier avec leurs fans.

Les étoiles brillaient dans la nuit parfaite. Tony ne savait plus où donner de la tête. Ses coéquipiers, ses amis, ses parents, son frère, sa sœur… Tous unis dans un même immense bonheur.

« Je suis un joueur de Liga », réalisa ce soir-là le jeune attaquant en regagnant les vestiaires au terme d'un dernier tour de stade.

Dans la poche de sa veste, au moment de sortir, ses doigts trouvèrent la lettre de Stan que ses parents lui avaient confiée. Elle consistait en deux phrases.

Le cœur battant, Tony s'arrêta à la lumière d'un réverbère.

Mon pronostic pour ce soir : victoire.

Mais tu en voudras toujours plus.

14

VISER PLUS HAUT

Tony pointa la télécommande vers l'écran, et le poste de télévision fut réduit au silence.

La France allait perdre contre l'Afrique du Sud. La France allait être éliminée du Mondial. Plus rien ne pouvait la sauver.

Dégoûté, le jeune homme ouvrit la fenêtre de son salon et se posta sur le balcon. Ici, à San Sebastián, personne ne se souciait du sort des Bleus. Les Espagnols, eux, s'étaient qualifiés pour les huitièmes de finale. Ils pratiquaient un jeu séduisant, assez semblable à celui du FC Barcelone, et l'avenir leur tendait les bras. Ils pouvaient encore espérer de grandes choses.

Qu'était-il arrivé aux Français ? Le groupe s'était tout bonnement disloqué. Les joueurs avaient mené une fronde contre leur entraîneur, puis une fronde contre eux-mêmes – du sabotage pur et simple.

Ces événements, évidemment, n'atténuaient en rien les sentiments que lui inspirait l'équipe de France. Il rêvait toujours de porter le maillot bleu, de connaître le même destin que Zidane et les siens. Mais ce qui s'était passé cette année laisserait des traces. Tout était désormais à reconstruire.

***

De : Maud Grizou
À : Petit Grillon mignon
Objet : Un point route

Cher petit frère,
Je t'écris d'un bar de l'est parisien. Je suis en terrasse, c'est l'été, les gens pourraient regarder le Mondial à la télé mais, vu que la France est éliminée, ils préfèrent sortir et boire des coups. Je crois que nous avons assisté à la prestation la plus pathétique de l'histoire des Bleus – excepté les fois où ils n'ont pas réussi à se qualifier pour la phase finale (et encore).
Je suis triste, sans doute autant que toi, mais peut-être pour d'autres raisons. Je me demande toutefois si ce n'est pas une bonne chose. Ça va obliger les instances du foot français à faire le ménage, à repenser l'ensemble du système. Les dirigeants vont réclamer du sang neuf.
Comment vas-tu ?

> Comment te prépares-tu à la saison qui s'annonce ?
> J'espère que tu as conscience que ça va être difficile. J'espère que tu as bien compris que tu allais jouer dans le même championnat que Messi et Ronaldo. Mes favoris pour cette année ? Le Real et le Barça, bien sûr – pas forcément dans cet ordre. Vila-Real et Valence ont de sacrées équipes, aussi. Le FC Séville, peut-être. Les meilleurs joueurs ? Iniesta, Dani Alves, Özil, etc. en plus des deux monstres déjà cités. Cette année, mon petit père, vous allez vous battre pour ne pas descendre. Levante et Hercules étaient derrière vous lors de la saison écoulée, arrangez-vous pour qu'ils le restent. Essayez de ne pas vous prendre de volées contre les gros : ça casse le moral, et ça laisse des plaies qui cicatrisent mal.

Le téléphone sonnait. Le blondinet quitta sa chaise et attrapa le combiné. Il finirait sa lecture plus tard.

– Tony ?

– Bonjour, coach.

– Tu ne pars pas en vacances ?

– Dans deux jours.

– Famille ?

– Toujours.

– Bien. Tu n'as pas demandé ton transfert dans un autre club, n'est-ce pas ?

– Vous rigolez ?

– C'était juste une blague. Prends soin de toi. Fais des footings. Ne mange pas trop de tartiflette.

– Comment est-ce que vous savez…

– C'est mon métier. À dans trois semaines.

Tony raccrocha. Le silence, à présent, était encore plus assourdissant. La ville était plongée dans la torpeur de l'été. Comme en sommeil. Le jeune homme finit de lire le mail de sa sœur.

> Trop hâte de te retrouver à la campagne chez papi. Et ne t'inquiète pas. Là-bas, personne ne te demandera d'autographe.
> Pas encore.

15

LA VIE EN BLEU

Après deux semaines et demie passées à la campagne chez son grand-père, Tony retourna à Mâcon avec ses parents et son frère.

JB Texeira lui avait fait savoir qu'il serait là-bas lui aussi. Les deux amis étaient convenus de se retrouver.

Un vendredi soir, ils se donnèrent rendez-vous dans une crêperie du centre-ville qui avait ouvert quelques semaines auparavant. Il ne leur fallut pas longtemps pour comprendre que les crêpes proposées n'étaient pas à la hauteur de celles de maman Teixera. Était-ce une surprise ?

Tony parlait peu et écoutait beaucoup. Son ami mesurait à présent un mètre quatre-vingts et avait un petit bouc au menton.

Il lui raconta son épopée avec la réserve du FC Toulouse. En fin de saison, il avait joué quelques matchs avec l'équipe première. À l'entendre, lui et Tony en étaient à peu près au même point.

Puis la discussion porta sur le Mondial, sur la victoire de l'Espagne et la façon dont cette équipe, avec son ossature barcelonaise et son jeu à la Guardiola, dominait le football mondial.

Pour le dessert, les deux compères avaient décidé de se partager une galette chocolat-chantilly. Après deux bouchées, Tony se tapota le ventre.

– Il faut que je perde un kilo d'ici la reprise.

– Pareil.

Le blondinet repoussa l'assiette.

– On pourrait peut-être arrêter maintenant.

JB sourit et sortit son portefeuille.

– Je t'invite.

Deux minutes plus tard, ils étaient sortis. JB avait une voiture. Il avait passé son permis de conduire quelques semaines plus tôt.

– Où est-ce que je suis garé, déjà ?

Tony indiqua une petite rue, de l'autre côté de l'avenue. Les deux amis s'apprêtaient à traverser lorsqu'une voix les interpella.

– Hé ! Grizi !

Tony sursauta. Cette voix…

Il se retourna lentement.

Attablé à une terrasse de café, un jeune aux cheveux courts, T-shirt blanc et veste noire, lui faisait signe. À son côté, une fille blonde à la moue boudeuse, qui paraissait plus âgée.

La boule au ventre, Tony s'avança. À son côté, JB hésitait.

– T'es sûr ?

– Il y a prescription, non ?

Le type se leva et leur serra la main.

– Hello, Tony. Hello, JB, ça fait plaisir. Comment va la vie ?

– Salut, Michael. Super. Et toi ?

L'intéressé joignit les mains.

– Écoute, je te mentirais si je te disais que ça ne va pas. Je viens d'être convoqué en équipe de France des U19.

Tony sentit un grand froid l'envahir.

– Sans rire ?

– Oui, c'est tombé ce soir. Génial, non ?

– Sûr.

– Et toi ? Toujours en Ligue 2 espagnole ?

– En fait, on est montés en première division. L'année prochaine, j'évoluerai en Liga.

– Génial ! s'exclama Michael sans qu'on puisse déterminer s'il était sincère ou non. Bon, alors, euh, à la prochaine ?

– Avec plaisir, répondit Tony, qui pensait exactement le contraire.

– Ciao, Michael, ajouta JB.

L'ex-attaquant de l'UFM leva une main en signe d'adieu et partit se rasseoir.

Les deux amis traversèrent.

– Tu étais au courant ? demanda Tony. Pour l'équipe de France ?

– Je l'apprends en même temps que toi.

– Putain…

Tony venait de shooter dans un caillou imaginaire.

– Ça va ? lui demanda son ami.

– Je ne peux pas. Je ne peux pas faire semblant d'être heureux pour lui. Tu n'imagines pas à quel point ça m'embête.

JB soupira.

– Je crois que si, fit-il tandis qu'ils arrivaient devant sa voiture. Moi aussi, je voudrais bien jouer avec les Bleus.

– Tu le savais, toi, que les sélections U19 allaient tomber aujourd'hui ?

JB secoua la tête.

– Je vivais très bien sans le savoir.

Il ouvrit sa portière, la referma, mit le contact sans un mot.

Un quart d'heure plus tard, il déposait Tony devant chez lui. Les deux amis s'étreignirent.

– La prochaine fois, ce sera la bonne, glissa JB à son copain d'enfance.

– Espérons.

La voiture repartit. Figé devant sa maison, Tony regarda la grosse voiture noire disparaître au loin.

– Alors ?

Derrière lui, la porte de la maison venait de s'ouvrir. Isa se tenait sur le seuil.

– Sympa.

– Sans plus ?

Tony eut un pauvre sourire.

– Je suis fatigué, maman. On en parlera demain, d'accord ?

Sa mère aurait dû s'effacer pour le laisser passer, et lui voler un baiser au passage. Elle ne le fit pas. Elle lui barrait l'entrée.

– Une minute.

– Quoi ?

– Je dois te préparer.

– À…

– Ton père veut te parler.

– Ah bon ?

– Il a reçu un appel téléphonique.

Tony sentit son cœur battre un peu plus fort. Un étrange pressentiment se faisait jour en lui.

– De qui ?

– De la direction des U19.

– Et qu'est-ce qu'ils ont dit ? *Maman* ?

Le visage d'Isa restait impénétrable.

– Va lui parler. C'est lui qui veut te l'annoncer.

– M'annoncer *quoi* ? Dis-le !

Elle rajusta l'une de ses boucles d'oreilles. Elle le rendait fou.

– À ton avis ?

Quiz

Quel personnage de *Goal !* es-tu ?

Réponds aux questions suivantes pour savoir à quel personnage de *Goal !* tu ressembles le plus. Entoure le symbole devant la proposition qui te correspond, et découvre ensuite le résultat sur la page suivante !

1. Quel est ton numéro fétiche ?
   ♣ 7
   ☼ 12
   ♠ 9

2. Parmi ces trois options, quelle est la personne que tu admires le plus ?
   ♠ Che Guevara
   ☼ Kev Adams
   ♣ David Beckham

3. Quel est ton pays préféré, ou le pays que tu aimerais le plus visiter ?
   ♣ L'Espagne
   ♠ La France
   ☼ Les États-Unis

4. Tu es au restaurant avec tes parents, en plein mois de mai. Quel plat commandes-tu ?
   ☼ Une bonne tartiflette
   ♠ Un bon plat de spaghettis carbonara
   ♣ Une pizza, sans hésitation

5. Quel métier préférerais-tu exercer parmi les options suivantes ?

♠ Professeur
☼ Humoriste ou comédien
♣ Sportif de haut niveau

6. De quoi as-tu le plus peur ?

♣ De l'échec
☼ Des araignées
♠ De te faire mal

7. Quel est ton animal préféré ?

☼ Le panda
♠ Le chat
♣ Le cheval

8. Tu es au cinéma et tu as le choix entre trois films, lequel préfères-tu aller voir ?

♣ *Pirates des Caraïbes* : de l'aventure, du suspense, de l'amour, tout ce qu'il faut !
♠ *Avengers* : tu adores les histoires de superhéros !
☼ N'importe quel film drôle : le plus important au cinéma, c'est de ressortir de la salle avec le sourire !

9. Quelle est ton activité favorite entre ces trois choix ?

♣ Le basket-ball
♠ Lire
☼ Se faire dorer la pilule

10. L'un de tes amis a l'air un peu triste, que fais-tu ?

☼ Tu essayes de le faire rire
♣ Tu le laisses tranquille : s'il a envie de te parler de ses problèmes, il sait où te trouver
♠ Tu passes du temps avec lui, tu l'inondes de messages gentils, tu lui parles beaucoup pour qu'il sache qu'il n'est pas tout seul

11. Quelle est ta matière préférée à l'école ?
    - ☼ … La cantine
    - ♠ L'histoire
    - ♣ Le sport

12. Quelque chose te tracasse, à qui vas-tu te confier ?
    - ♣ À ta sœur, ton frère ou l'un de tes parents : ils te connaissent mieux que personne et sauront te conseiller
    - ☼ À tes amis : ils ont peut-être traversé la même chose que toi
    - ♠ À ton journal intime : tu n'aimes pas parler de tes problèmes, et puis tu te dis que tu finiras bien par trouver une solution et que les choses rentreront dans l'ordre

Découvre ici ton résultat !

Si tu as un maximum de ♣

Tu es **Tony Grizi** ! Très ambitieux, tu gardes néanmoins les pieds sur terre. Ta famille est ta priorité ; tu sais que tu pourras toujours compter sur eux. Tu sais ce que tu veux et tu ne laisseras rien ni personne se mettre en travers de ton rêve.

Si tu as un maximum de ☼

Tu es l'hilarant **Calamity Djib'** ! Pour toi, pas question de prendre la vie du mauvais côté : le plus important est de profiter de chaque journée. Tu aimes rire et faire rire tes proches. Avec toi, c'est « Hakuna Matata » tous les jours !

Si tu as un maximum de ♠

Tu es **Stan Muizon**, le meilleur ami de Tony ! Pas sportif pour un sou, tu t'intéresses en revanche à tout ce qui t'entoure. Tu es très loyal, toujours là pour écouter et conseiller tes amis. Tu es le sage de la bande : celui qu'on vient voir quand il y a une décision à prendre.

Table des matières

Retrouve toutes les aventures de Tony
dans les autres tomes de la série *GOAL !*

Déjà parus :

Tome 1 – Coups francs et coups fourrés
Tome 2 – Un espion dans l'équipe
Tome 3 – L'avenir au bout du pied
Tome 4 – Dans la cour des grands
Tome 5 – Le tout pour le tout
Tome 6 – À l'assaut des sommets

À suivre…

Direction littéraire
Elsa Lafon
et
Laurie Beck

Mise en pages
PRESS·PROD

IMPRIM'VERT® PEFC™ 10-31-1510

Imprimé en France
par Corlet Imprimeur
14110 Condé-en-Normandie
N° d'imprimeur : 204088
Dépôt légal : juin 2019
ISBN : 978-2-7499-3909-4
LAF : 2717 A